COLEÇÃO
ABERTURA
CULTURAL

Copyright © Julian Philip Scot, Literary Executor of the
Estate of Christopher Dawson 2010
Copyright da edição brasileira © 2018 É Realizações
Título original: *The Gods of Revolution*

Editor | Edson Manoel de Oliveira Filho

Produção editorial e projeto gráfico | É Realizações Editora

Preparação de texto | Geisa Mathias

Revisão | Edna Adorno

Capa | Daniel Justi

Diagramação | Nine Design Gráfico / Mauricio Nisi Gonçalves

Reservados todos os direitos desta obra. Proibida toda e qualquer reprodução desta edição por qualquer meio ou forma, seja ela eletrônica ou mecânica, fotocópia, gravação ou qualquer outro meio de reprodução, sem permissão expressa do editor.

CIP-BRASIL. CATALOGAÇÃO NA PUBLICAÇÃO
SINDICATO NACIONAL DOS EDITORES DE LIVROS, RJ

D313d

    Dawson, Christopher, 1889-1970
    Os deuses da revolução / Christopher Dawson ; com nova introdução de Joseph T. Stuart ; introdução Arnold Toynbee ; apresentação James Oliver ; tradução André de Leones. - 1. ed. - São Paulo : É Realizações 2018.
    224 p. ; 23 cm.

    Tradução de: The gods of revolution
    Inclui bibliografia e índice
    ISBN 978-85-8033-354-1

    1. França - História - Revolução, 1789-1799 - Aspectos religiosos. 2. França - História - Revolução, 1789-1799 - Causas. I. Stuart, Joseph T. II. Toynbee, Arnold. III. Oliver, James. IV. Leones, André de. II. Título.

18-53971   CDD: 944.04
                                                      CDU: 94(44)"1789-1799"

Meri Gleice Rodrigues de Souza - Bibliotecária CRB-7/6439
22/11/2018 28/11/2018

É Realizações Editora, Livraria e Distribuidora Ltda.
Rua França Pinto, 498 · São Paulo SP · 04016-002
Telefone: (5511) 5572 5363
atendimento@erealizacoes.com.br · www.erealizacoes.com.br

Este livro foi impresso pela Gráfica Mundial, em outubro de 2023. Os tipos são da família Sabon Light Std e Frutiger Light. O papel do miolo é o Lux Cream 70 g., e o da capa cartão Ningbo C2 250 g.

OS DEUSES
DA REVOLUÇÃO

Christopher Dawson

COM NOVA INTRODUÇÃO DE JOSEPH T. STUART

INTRODUÇÃO DE ARNOLD TOYNBEE

APRESENTAÇÃO DE JAMES OLIVER

TRADUÇÃO DE ANDRÉ DE LEONES

2ª impressão

É Realizações
Editora

Sumário

Introdução
   Joseph T. Stuart 7

Agradecimentos 23

Introdução
   Arnold Toynbee 25

Apresentação
   Christopher Dawson – Uma Apreciação
   James Oliver 29

PARTE I – A REVOLUÇÃO DAS IDEIAS

Capítulo 1 | A Revolução Europeia 39

Capítulo 2 | As Origens Históricas do Liberalismo 51

Capítulo 3 | O Nascimento da Democracia 71

PARTE II – A REVOLUÇÃO FRANCESA

Capítulo 4 | Os Direitos do Homem 89

Capítulo 5 | Os Altares do Medo 105

Capítulo 6 | O Reino do Terror 123

Capítulo 7 | A Queda da Montanha 143

Capítulo 8 | A Virada da Maré 157

PARTE III – O IMPACTO DA REVOLUÇÃO

Capítulo 9 | A Religião e o Movimento Romântico 173

Capítulo 10 | A Europa e a Revolução 191

Capítulo 11 | A Revolução e o Mundo Moderno 201

Bibliografia 213

Índice Remissivo 218

Introdução

JOSEPH T. STUART[1]

O embaixador dos Estados Unidos na França escreveu de Paris, em 1792, que tinha vivido para ver uma "nova Religião surgir. Ela consiste em uma Negação de toda Religião, e seus Adeptos têm a Superstição de não serem supersticiosos. Eles têm para com isso tanto Zelo quanto qualquer outra Seita e estão igualmente prontos para Devastar o Mundo a fim de angariar Prosélitos".[2] Dos observadores contemporâneos, incluindo esse embaixador na França, estudiosos do século XIX, como Alexis de Tocqueville ou Groen van Prinsterer, e historiadores do século XX, como Michael Burleigh, advém uma interpretação comum da Revolução Francesa (1789-99). Eles veem seus eventos dramáticos, violentos, esperançosos, criativos, destrutivos e fanáticos em termos religiosos. Burleigh relata como, de 1792 a 1794, os líderes revolucionários tentaram substituir o cristianismo por uma nova e completa religião civil, com credos, liturgias, textos sagrados, virtudes, pecados e o desejo de regenerar a humanidade.[3]

---

[1] Todas as notas seguintes nesta introdução são do sr. Stuart. (N. T.)

[2] Gouverneur Morris para Lorde George Gordon, 28 de junho de 1792.
Gouvernor Morris, *A Diary of the French Revolution*, ed. Beatrix Cary Davenport, vol. II. Boston, Houghton Mifflin, 1939, p. 452.

[3] Michael Burleigh, *Earthly Powers: The Clash of Religion and Politics in Europe, from the French Revolution to the Great War*. New York, Harper Perennial, 2005, p. 81. Emmet Kennedy chama essa religião civil de "religião do homem" e a encontra nos sermões do bispo constitucional Claude Fauchet (1744-1793), em uma interpretação dos clubes jacobinos como

Os Deuses da Revolução é a contribuição de Christopher Dawson para essa tradição interpretativa. Dawson não está tão interessado na história eclesiástica do período revolucionário, como os estudiosos recentes; ele se ocupa da Revolução como uma manifestação, em si mesma, de forças religiosas.[4]

Os Deuses da Revolução é crucial para entender como as considerações de Christopher Dawson sobre a religião e a cultura na História Antiga e na Medieval se aplicam à História Moderna. Ele procura demonstrar que a religião não é facilmente banida da sociedade. Quando excluída, ela retorna de outras maneiras, como na "religião da humanidade" criada no século XVIII e manifestada durante a Revolução Francesa.

Britânico, o historiador da cultura Christopher Dawson (1889-1970) foi criado na zona rural de Yorkshire, estudou História em Oxford e trabalhou durante a maior parte da vida como pesquisador independente, escrevendo mais de vinte livros agora republicados, em sua maioria, pela Catholic University of America Press.[5] Dawson foi eleito para a Academia Britânica em 1943, deu uma série de Gifford Lectures na Universidade de Edimburgo entre 1947 e 1949 e assumiu a cátedra de Estudos Católicos Romanos em Harvard (1958-62). Sua carreira distinta caracterizou-se por uma escrita clara, cheia de

---

igrejas da nova religião pelo jornalista e político Camille Desmoulins (1760-94), e no Panthéon com o trabalho de seu arquiteto Quatremère de Quincy (1755-1849). Ver Emmet Kennedy, "A Revolução Francesa e a Gênese de uma Religião do Homem, 1760-1885". In: *Modernity and Religion*, ed. Ralph McInerny. Notre Dame, University of Notre Dame Press, 1994, p. 63.

[4] Dale K. Van Kley, *The Religious Origins of the French Revolution: From Calvin to the Civil Constitution, 1560-1791*. New Haven, Yale University Press, 1996; Nigel Aston, *Religion and Revolutionary in France, 1780-1804*. Washington, D.C., The Catholic University of America Press, 2000.

[5] Joseph T. Stuart, "Yorkshire Days in Edwardian England: E. I. Watkin's Diary and His Friendship with Christopher Dawson". *Yorkshire Archaeological Journal*, 84, n. 1, 2012.

frescor e *insights* filosóficos acerca da história humana, e ele tem sido estudado em vários livros recentes.[6] Sua obra recebeu grandes elogios de uma ampla comunidade de estudiosos em mais de 440 resenhas publicadas entre 1928 e 1973. A variedade de publicações que resenharam seus livros é enorme, refletindo os diversos campos nos quais Dawson se engajou: história mundial antiga, medieval e moderna, política, relações internacionais, literatura, teologia, filosofia, história da religião, arqueologia, educação, estudos do Extremo Oriente e sociologia. Embora muitos dos periódicos que resenharam os livros de Dawson fossem católicos, mais de metade não era.

Os Deuses da Revolução foi publicado postumamente em 1972, mas sua maior parte foi escrita na segunda metade da década de 1930.[7] Assim, as questões que ocupavam a mente de Dawson eram

---

[6] Christina Scott, *A Historian and His World: A Life of Christopher Dawson*. New Brunswick, Transaction Publishers, 1992; Paul Costello, *World Historians and Their Goals: Twentieth-Century Answers to Modernism*. DeKalb, Ill., Northern Illinois University Press, 1993; Patrick Allitt, *Catholic Converts: British and American Intellectuals Turn to Rome*. Ithaca, Cornell University Press, 1997; Stratford Caldecott & John Morrill (eds.), *Eternity in Time: Christopher Dawson and the Catholic Idea of History*. Edinburgh, T&T Clark, 1997; Adam Schwartz, *The Third Spring: G. K. Chesterton, Graham Greene, Christopher Dawson, and David Jones*. Washington, D.C., The Catholic University of America Press, 2005; Bradley J. Birzer, *Sanctifying the World: The Augustinian Life and Mind of Christopher Dawson*. Front Royal, Va., Christendom Press, 2007; James R. Lothian, *The Making and Unmaking of the English Catholic Intellectual Community, 1910-1950*. Notre Dame, University of Notre Dame Press, 2009.

[7] Christina Scott escreve em sua biografia que Dawson "havia começado a escrever um livro sobre a Revolução Francesa quando, no início de 1936, ficou gravemente doente" (C. Scott, *A Historian and His World: A Life of Christopher Dawson*, p. 127). Em uma nota de rodapé, ela assinala que o livro foi publicado postumamente como *Os Deuses da Revolução*. Portanto, Dawson escreveu, talvez, a maior parte do livro na década de 1930, embora tenha feito algumas mudanças depois, pois o último capítulo menciona a Segunda Guerra Mundial. Scott registra: "Em 1938, Frank Sheed estava ansioso, pressionando Christopher para terminar seu livro sobre a Revolução Francesa, mas ele ficaria desapontado pelo fato de que, naquela época, ele [Dawson] tinha

diferentes daquelas que abordaria, caso tivesse concebido o livro mais para o fim da vida. Aquelas questões iniciais surgiram, em parte, pelo que aconteceu em outubro de 1917: a Revolução Russa. Antes dela, socialistas interpretavam a Revolução Francesa como o início de uma história linear da liberdade e da igualdade humanas que culminaria em uma revolução socialista. Após outubro de 1917, a Revolução Francesa deixou de ser o modelo para um futuro possível. Ela se tornou a mãe de um evento real. Os bolcheviques conscientemente mantiveram o exemplo da Revolução Francesa em mente, e os historiadores de meados do século XX tampouco conseguiram evitar ver um evento à luz do outro.[8] Albert Soboul e George Lefebvre motivaram uma interpretação da Revolução Francesa em termos de classes sociais. Outros, como Dawson e J. L. Talmon em seu *Origins of Totalitarian Democracy* (1952), interpretaram os perigos do totalitarismo moderno à luz da Revolução Francesa.

Os problemas que ocupavam a mente de Dawson em meados dos anos 1930 enfocavam a perda da comunidade espiritual. A perda de tal comunidade empurrou as pessoas para o nacionalismo e o socialismo revolucionários, culminando em perigosos Estados totalitários. Tais acontecimentos desolaram Dawson, e após deixar Harlington

---

se voltado outra vez para resolver os problemas da atualidade com um sucessor de *Religion and the Modern State* intitulado *Beyond Politics*" (ibidem, p. 131). Originalmente, o título de *Os Deuses da Revolução* seria *A Revolução Europeia*, conforme se descobriu no arquivo de Dawson na Universidade de St. Thomas (caixa 3, pastas 27-34; manuscritos de oito capítulos estão no arquivo). Vários capítulos foram publicados como artigos durante a década de 1950. No entanto, que a bibliografia (incompleta) da edição de 1972 não se refira a trabalhos posteriores a 1935 é uma prova de que a maior parte da composição do livro teve lugar durante a década de 1930.

[8] François Furet, *Interpreting the French Revolution*. Cambridge, Cambridge University Press, 1981, p. 5-6, 86. Um exemplo de trabalho que aborda as revoluções à luz uma da outra é o de Crane Brinton, *The Anatomy of Revolution*. New York, Vintage Books, 1965 (publicado primeiramente pela W. W. Norton, em 1938).

Hall, Yorkshire, em 1936, ele sofreu de grave depressão e abatimento físico; com sua esposa Valery, mudava sem descanso de uma casa alugada para outra. Forçado a deixar de lado os estudos sobre a Revolução Francesa, trabalhou em um livro de crítica social chamado *Beyond Politics* (1939), no qual fez uso de sua pesquisa. Ele argumentou que a democracia jacobina de 1793-1794 foi o protótipo do Estado totalitário e a matriz da qual nasceu a moderna ideologia totalitária. A República de Robespierre e Saint-Just, conforme concebida por Rousseau, era uma comunidade espiritual "baseada em doutrinas morais definidas, que encontrava expressão religiosa direta em um culto oficial cívico". Ela operava por meios ditatoriais e pela implementação de uma ideologia uniforme. Ela deu à luz o nacionalismo e o socialismo, os quais mais tarde realizaram suas possibilidades latentes nas novas comunidades espirituais de Hitler e Stálin, cujas religiões políticas destinavam-se, de modo similar, à regeneração social.[9]

Na era posterior à Segunda Guerra Mundial, a interpretação marxista clássica da Revolução Francesa por George Lefebvre se impôs. Se Dawson tivesse continuado a trabalhar em seu livro mais tarde, teria de se deter no argumento central de Lefebvre, segundo o qual a Revolução foi provocada pela ascensão da burguesia. Em todo caso, Dawson reconhecia o triunfo da burguesia sobre a nobreza nos anos que levaram à Revolução. No entanto, eram o povo francês e seus líderes – os aristocratas liberais, advogados, jornalistas e membros da Assembleia inspirados pelos escritores políticos e discípulos de Rousseau – a força real por trás disso. Embora estivesse a princípio interessado nas bases intelectuais da Revolução, Dawson se recusou a limitar sua interpretação a um só fator, e, ao abordar as ideias, reconheceu que era preciso estudá-las como se materializadas em pessoas reais vivendo em um ambiente social concreto. Era necessário

---

[9] Christopher Dawson, *Beyond Politics*. London, Sheed & Ward, 1939, p. 71-72, 105.

reconhecer os fatores econômicos e sociais em curso. De fato, um resenhista certa vez declarou ter descoberto um "sabor marxista" na conexão entre sociologia e ideias religiosas feita por Dawson.[10]

Na época em que o livro de Dawson foi lançado, em 1972, a perspectiva marxista típica do pós-guerra já havia sido atacada pela interpretação revisionista da Revolução lançada por Alfred Cobban. Este professor da University College London argumentou que 1789 não foi o produto de uma burguesia ascendente de homens de negócios promovendo o capitalismo, mas de advogados e outros profissionais que se opunham a ela. Isso abriu o caminho para as interpretações pós-revisionistas da década de 1980 e depois, as quais não chegaram a um novo consenso sobre as causas da Revolução, mas reabilitaram as interpretações culturais e intelectuais.[11] Desse modo, a obra de Dawson dos anos 1930 é relevante ainda hoje.

Os Deuses da Revolução não é uma obra de crítica social contemporânea como Beyond Politics, mas de história intelectual. A primeira parte examina a evolução do pensamento europeu da Reforma ao Iluminismo como pano de fundo para a Revolução Francesa. A terceira e última parte do livro consiste em três capítulos perspicazes, porém inconclusos, sobre o impacto no mundo moderno das forças ideológicas desencadeadas durante a Revolução Francesa. Ensanduichadas entre essas duas seções de enorme amplitude, Os Deuses da Revolução contém sessenta páginas de texto que estão entre as mais concentradas da carreira de Dawson. Ele se limita aos vinte anos, as décadas de 1780 e 1790, relativos aos

---

[10] C. E. M. Joad, "Forward to Christendom". New Statesman and Nation, 28 de agosto de 1943, p. 142; Christopher Dawson, Os Deuses da Revolução. Londres, Sidgwick & Jackson, 1972, p. 3-4, 53-57; William Doyle, Origins of the French Revolution. 3. ed. New York, Oxford University Press, 1999, p. 5.

[11] Alfred Cobban, The Social Interpretation of the French Revolution. Cambridge, Cambridge University Press, 1964, p. 67, 168; W. Doyle, Origins of the French Revolution, p. 12, 35.

eventos, personagens e ideias da Revolução Francesa. Com exceção de *Spirit of the Oxford Movement* (1933), também devotado a um período de vinte anos (1830 e 1840), essa é a sua abordagem mais aprofundada de um curto período histórico.

O livro recebeu elogios moderados dos resenhistas. M. J. Sydenham, da Carleton University, autor de *The French Revolution* (1965), considerou a primeira parte "brilhante" e o todo um panorama consistente de uma história complexa. Embora tenha sido escrito sem o auxílio dos estudos econômicos e sociológicos atuais, ainda assim o livro se baseia em um conhecimento minucioso das fontes primárias e em uma "apreciação admiravelmente perspicaz da interação entre as mudanças sociais e as convicções políticas e religiosas". A referência de Sydenham às fontes é importante, pois a bibliografia incompleta revela que Dawson pretendia escrever uma história intelectual. Ele utilizou cartas contemporâneas à Revolução, memórias escritas posteriormente, biografias e estudos secundários. Ele referenciou as obras clássicas por meio dos oradores, políticos, advogados e pensadores proeminentes da época, como Billaud-Varenne (1756-1819), Saint-Just (1767-1794), Edmund Burke (1729-1797), Thomas Paine (1737-1809), Jean-Jacques Rousseau (1712-1778), Joseph de Maistre (1753-1821) e Samuel Taylor Coleridge (1772-1834). O argumento central, pensou Sydenham, era de que a Igreja e o Estado do *Ancien Régime* se tornaram tão interdependentes que a mudança política implicava inevitavelmente uma "nova e mais abrangente Reforma". Embora essa perspectiva estimulasse a mudança social, a Revolução continuou sendo fundamentalmente um conflito espiritual, "cujo desfecho ainda está irresolvido". Segundo Sydenham, tal argumento era exagerado e nada original. Por exemplo, quando Dawson escreve que a Revolução Francesa não era apenas política, mas também uma "revolução espiritual" como a Reforma, Alexis de Tocqueville já o havia feito no capítulo 3 de seu *O Antigo Regime e a Revolução* (1856). No entanto, Dawson desenvolve esse argumento com maior profundidade do que o francês, e Sydenham conclui que, a despeito de sua falta de originalidade, o trabalho de Dawson era ainda assim bem escrito e bem equilibrado.[12]

Herbert Butterfield, um prolífico historiador britânico, lembrado por *The Whig Interpretation of History* (1931) e pelo seu interesse na história da ciência e na influência do cristianismo sob uma perspectiva histórica, tinha mais estima pelos trabalhos de Dawson sobre a História Pré-Moderna do que por aqueles acerca da História Moderna. "O alcance de sua leitura sempre foi notável", Butterfield escreveu em um ensaio para o *Times Literary Supplement* após a morte de Dawson, "mas, quando se volta para períodos mais recentes, seu conhecimento é mais limitado, ele padece de simpatias inadequadas e, às vezes, recai em recapitulações ordinárias". Aparentemente sem saber quando Dawson o concebeu, Butterfield opinou que *Os Deuses da Revolução* não possui a força que teria se ele o tivesse escrito quando jovem. O livro interessaria sobretudo aos curiosos pela visão de Dawson acerca dos antecedentes, eventos e consequências da Revolução Francesa, em um relato ocasionalmente pontuado por lampejos perspicazes.[13]

O livro tem deficiências e não chega a nenhuma conclusão real, claro que não só porque Dawson não o terminou. Há uma tendência quando se escreve sobre religião política, salienta Hans Maier, de se basear em aspectos mentais e psicológicos da História e negligenciar a narrativa emocionante dos eventos e os retratos pitorescos das personalidades.[14] Às vezes, Dawson incorre nessa falha em *Os Deuses da Revolução*. Mesmo assim, é uma leitura valiosa porque ajuda os estudiosos de Dawson a entender como suas ideias sobre religião e cultura na História Pré-Moderna se aplicam às condições modernas,

---

[12] M. J. Sydenham, *Canadian Historical Review*, vol. 65, p. 434-35, 1973.

[13] Herbert Butterfield, "Religion's Part in History". *Times Literary Supplement*, 28 de julho de 1972, p. 882.

[14] Hans Maier, "Political Religion: A Concept and Its Limitations". *Totalitarian Movements and Political Religions*, 8, p. 15, 2007.

e proporciona aos leitores em geral uma interpretação importante, ainda que pouco original, da Revolução Francesa.

Os títulos do primeiro (*A Era dos Deuses*, 1928) e do último (*Os Deuses da Revolução*, 1972) livro de Dawson contêm a palavra "deuses". Essa repetição evidencia a importância das visões de mundo não cristãs e mesmo não monoteístas em sua historiografia, fato às vezes obscurecido pelos que enfatizam o catolicismo de Dawson. Para entender por que *Os Deuses da Revolução* é uma peça-chave na compreensão de como seu pensamento sobre religião e cultura no mundo antigo se aplica ao mundo moderno, é preciso se deter em seu primeiro livro.

A Era dos Deuses analisa as origens da cultura na Europa e na Ásia pré-históricas. Ele procurou colher os frutos das pesquisas históricas e arqueológicas especializadas para apresentar uma síntese do novo conhecimento da história humana. A maior parte do trabalho de Dawson tentaria fazer isso: procurar visões amplas do passado baseando-se na cuidadosa análise das fontes. De acordo com os resenhistas, depois do lançamento de *A Era dos Deuses* em 1928, Dawson realizou a difícil façanha de combinar síntese e análise. Um escritor anônimo elogiou seu comedimento nas generalizações e a recusa em forçar as evidências – com frequência bastante escassas para quem escreve sobre História Antiga – além do necessário. O resenhista chamou Dawson de "juiz arqueológico", contrapondo-o aos polêmicos "advogados arqueológicos" que, a exemplo de James Frazer (1854-1941), sustentavam "teses de estimação".[15] Essa visão de Dawson como um cuidadoso "juiz" das evidências também apareceu em uma resenha do arqueólogo e antropólogo C. Daryll Forde (1902-1973), que, em 1945, fundou o departamento de Antropologia da University College London. Embora achasse que vários pontos da tese geral de Dawson fossem passíveis de crítica, ele escreveu: "O autor deve ser

---

[15] "The Age of Gods". *The Dublin Review*, 182, n. 365, p. 286-87, 289, 1928.

parabenizado pelo uso habilidoso e consciente do material arqueológico. A discussão sobre vida religiosa e cultura espiritual é desenvolvida a partir da consideração direta das evidências arqueológicas".[16] Dawson fez uso das descobertas arqueológicas na cidade suméria de Ur (1922), na tumba de Tutancâmon (1922) e na civilização do Vale do Indo (1924) para ajudar a moldar sua teoria sobre a relação íntima entre religião e cultura.

Ele também examinou uma descoberta arqueológica mais antiga, de 1899, do grande Palácio de Cnossos, em Creta, centro da quase que inteiramente esquecida civilização minoica, para ilustrar sua teoria. Ele descreve o palácio como o centro da vida religiosa e secular. O governante era ao mesmo tempo sacerdote e rei; a sala do trono levava diretamente para o interior do santuário onde ficava o altar. A vida luxuosa do palácio era em parte tornada possível por um sofisticado sistema sanitário e de drenagem, com esgoto principal, galerias de escoamento, dutos de ar, poços e tubulações de argila.[17] No espaço de uma página, Dawson aborda em conjunto os fundamentos religiosos, políticos e tecnológicos da vida palaciana minoica, revelando *insights* sobre a civilização como um todo. Como em tantas outras civilizações antigas, do Egito até a Índia, a grandeza da civilização cretense foi possível graças à descoberta de leis naturais e à cooperação fecunda entre homem e natureza por meio da engenharia e da razão. Ao mesmo tempo, a religião permeava e unificava a vida dos minoicos.

Na visão de Dawson, a religião, compreendida como a aliança suprema de um povo, expressa tanto pela crença como pela razão, seria o impulso por trás da mudança cultural. A religião seria uma força dinâmica na História. Ainda que as forças geográficas, econômicas e sociais possam ser poderosas, talvez o profeta e o reformista religioso

---

[16] C. Daryll Forde, *American Anthropologist*, 34, n. 2, p. 340, 1932.
[17] Christopher Dawson, *The Age of Gods*. London, John Murray, 1928; Washington, D.C., The Catholic University of America Press, 2012, p. 130.

sejam os maiores de todos os agentes de mudança, mesmo que essas figuras tenham sido em grande parte produzidas por tradições culturais anteriores.[18] Se a pessoa entender esse fator psicológico da cultura, abrangendo pensamento e crença, poderá dar sentido à cultura como um todo. Portanto, a relação entre religião e cultura é íntima, tanto sociológica como epistemologicamente. Mais tarde, Dawson usou essa moldura para estudar a História Medieval europeia, como em *The Making of Europe* (1932).

O argumento concernente à imbricação entre religião e cultura ainda é válido para as sociedades modernas e seculares, que renunciam à religião ou a relegam para a esfera privada? Sim, Dawson responderia. "Toda cultura viva deve possuir alguma dinâmica espiritual que fornece a energia necessária para aquele contínuo esforço social que é a civilização", ele escreveu no prefácio de *Progress and Religion*. "Normalmente essa dinâmica é dada por uma religião, mas, em circunstâncias excepcionais, o impulso religioso pode se disfarçar sob formas filosóficas ou políticas."[19] Mesmo em uma era moderna e secular, Dawson pensava, o "impulso religioso" não desaparece. Incapaz de se expressar por completo mediante canais tradicionais, ele pode aparecer nas fórmulas filosóficas (como na ideia do progresso ou da "religião da democracia" no século XVIII) ou políticas (a religião política no século XX) como uma poderosa força propulsora por trás da ação humana. *Os Deuses da Revolução* examina as fontes dessas fórmulas filosóficas das forças religiosas no século XVIII e como elas se espalharam pela modernidade por meio de profetas seculares como Jean-Jacques

---

[18] Ibidem, p. xxix-xxx.

[19] Christopher Dawson, *Progress and Religion: An Historical Enquiry*. New York, Houghton Mifflin, 1929; Washington D.C., The Catholic University of America Press, 2001, p. 3-4. Sobre Dawson e sobre a ideia de progresso, ver Joseph T. Stuart, "The Question of Human Progress in Britain after the Great War". *Britain and the World I*, 2008; Joseph T. Stuart, "Christopher Dawson and the Idea of Progress". *Logos*, 14, n. 4, p. 74-91, 2011.

Rousseau ou Thomas Paine para emergir como forças reais na Revolução Francesa. O livro ajuda os leitores de Dawson a entender como as ideias dele sobre religião e cultura se aplicam ao nosso mundo, pois a Revolução Francesa marca o começo da História Moderna e a primeira tentativa de rejeitar a religião em nome de ideais seculares que passaram, então, a funcionar como uma religião substituta.

Alguém poderia conjecturar que tal argumento não se sustenta. O leitor cético pode concordar com Herbert Butterfield, que escreveu em sua resenha que o pensamento de Dawson sobre a História Moderna era possivelmente enfraquecido pela transposição inconsciente de padrões que encontrou no passado mais remoto para a modernidade.[20] Butterfield não especifica quais padrões são esses, mas, caso se refira aos padrões da religião e da cultura referidos há pouco, sua crítica não é válida. Os céticos deviam dar uma chance para Dawson se explicar. Seu argumento sobre a relação estreita entre religião e cultura é relevante tanto para as sociedades modernas quanto para as antigas, como foi confirmado pelos trabalhos recentes de sociólogos, historiadores e cientistas políticos, de Robert Bellah a Michael Burleigh e Hans Maier.[21]

Embora reconheça as causas materiais e sociais da Revolução, Dawson argumenta que a ascensão de uma nova "religião da democracia" proporcionou o dinamismo que transformou a França e o resto do mundo depois de 1789 (ele também chama isso de "religião

---

[20] H. Butterfield, "Religion's Part in History". Idem, p. 882.
[21] Robert Bellah, "Civil Religion in America". *Daedalus*, 96, n. 1, 1967; Hans Maier, "Concepts for the Comparison of Dictatorships: 'Totalitarism' and 'Political Religions'". In: *Totalitarism and Political Religions*, ed. Hans Maier. New York, Routledge, 1996; Burleigh, *Earthly Powers: The Clash of Religion and Politics in Europe, from the French Revolution to the Great War*. Ver também Emilio Gentile, *Politics as Religion*. Princeton, Princeton University Press, 2006. Sobre a contribuição específica de Dawson, ver Joseph T. Stuart, "Christopher Dawson and Political Religion". *Political Science Reviewer*, 41, n. 1, 2015.

da humanidade").²² Isso aconteceu porque a religião da democracia era uma força espiritual com significância internacional. "Sem isso, a Revolução não seria nada além de uma nova Fronda. Com isso, ela mudou o mundo."²³ As Frondas foram uma série de guerras civis ocorridas na França de 1648 a 1653 que resultaram no enfraquecimento das aristocracias locais e na emergência da monarquia absolutista. Elas foram um evento significativo para a França, mas dificilmente para a história mundial. Essas guerras não tiveram significado ideológico maior, reivindicação de valores universais e bases filosóficas e teológicas como tinha a Revolução Francesa na obra de Rousseau e na Declaração dos Direitos do Homem e do Cidadão. Em resumo, às Frondas faltou o apoio dos deuses que a Revolução de 1789 possuía.

De onde veio esse "elemento universal" da Revolução Francesa? Ele nasceu essencialmente de uma reação às peculiaridades da França do *Ancien Régime*, na qual a Igreja e o Estado estavam intimamente entrelaçados, e a resposta de Dawson pode ser dividida em partes. A revogação do Édito de Nantes por Luís XIV em 1685 tentou assegurar a uniformidade político-religiosa. Essa decisão criou um ambiente anticlerical, no qual a revolta contra a autoridade pareceu cada vez mais atraente dentro da França. Também provocou, fora da França, uma diáspora dos protestantes huguenotes, os quais cultivaram uma nova atmosfera intelectual, crítica e anticlerical que se integrou ao começo do Iluminismo. Dessa forma, o Iluminismo, "como a maioria dos movimentos que mudaram o mundo, era religioso em sua origem, embora tenha sido antirreligioso em seus resultados". O Iluminismo francês procurou substituir uma unidade político religiosa por uma unidade político-racionalista. Ele atacou o cristianismo, mas não tinha nada para colocar em seu lugar – nada, pelo menos, que pudesse mexer com as mentes e os corações

---

²² C. Dawson, *Os Deuses da Revolução*, p. 76-78, 211-12.
²³ Ibidem, p. 107-08.

das massas. Ele teve de apelar para forças psicológicas mais profundas a fim de transformar uma filosofia em uma religião. Rousseau provocou essa transformação como o profeta de uma nova fé – a religião da democracia. Ele foi o pai espiritual daquele idealismo revolucionário que transformaria o mundo por meio do liberalismo e do socialismo mediante a crença na democracia como um novo modo de vida. Esse novo modo de vida como o reino de Deus na Terra foi ratificado pelo mito da Revolução Americana e pela obra de Thomas Paine. Os deuses da revolução nasceram.

Em nenhum lugar Dawson afirma que essa nova e poderosa matriz ideológica do Iluminismo *causou* a Revolução Francesa; as pessoas causaram-na por uma série de razões. Contudo, ela impulsionou a batalha de ideias nas ruas, em livrarias, cafés, salões, lojas maçônicas e clubes jacobinos da Paris revolucionária. Não era algo exclusivo dos jacobinos, mas adquiriu a organização externa de uma seita graças a eles, Dawson nota. Sua crença centrada no otimismo deísta da salvação humana neste mundo, o Altar da Pátria, abstrações como Razão e Liberdade, e textos sagrados como a Declaração dos Direitos do Homem e do Cidadão. Eles procuraram criar uma religião cívica que eliminou, como Rousseau pedira no capítulo sobre religião cívica em *Do Contrato Social* (1762), a distinção entre religião e política que o cristianismo, ao menos em teoria, sustentava; uma unidade político-espiritual poderosa, tal como existiu entre os reis-sacerdotes minoicos e no resto do mundo antigo e pagão. Aqueles que seguiram essas ideias não sabiam aonde elas levariam. Mesmo assim, durante os poucos anos da Revolução, eles testemunharam a ascensão de diversas correntes ideológicas, do individualismo ao socialismo, do universalismo da religião da humanidade ao particularismo da ascensão do nacionalismo. A estrutura fundamental das ideologias sociais e políticas que moldaram o mundo moderno encontrou expressão na Revolução Francesa, e o fato de que as pessoas daquele tempo tentaram reorganizar por completo a ordem social revela o poder das novas ideias do Iluminismo.

Dawson conclui com uma sugestão intrigante sobre o nexo entre religião, cultura e política. Na região francesa da Vendeia, na Inglaterra e nos Estados Unidos, a renovação religiosa no século XVIII talvez tenha ajudado a evitar a radicalização política, pois nesses lugares, respectivamente, Grignon de Montfort, John e Charles Wesley e George Whitefield pregaram para aquelas classes mais baixas que, de outro modo, teriam se radicalizado graças a agitadores políticos. Esses reformistas canalizaram para a religião aquelas forças que, na maior parte da França, não tinham outro lugar para ir além da agitação social e política. Com o trabalho desses pastores, a "conversão religiosa dos indivíduos tomou o lugar da revolução política da sociedade".[24] Esse *insight* é difícil de provar – como alguém pode sustentar que as pessoas não se tornaram revolucionárias por determinada razão? Mesmo assim, a teoria da religião e da cultura de Dawson sugere que, se as expressões religiosas tradicionais permanecem fortes, então haverá pouco espaço na alma das pessoas para substitutos filosóficos ou políticos de sentido maior. Se aquelas expressões são fracas, então haverá bastante espaço. Talvez o radicalismo da Revolução Francesa seja prova suficiente de que as coisas são assim.

---

[24] Foi por isso que a Vendeia teve de ser forçada a aceitar as mudanças sociais revolucionárias em 1793-1794.

Agradecimentos

CHRISTINA SCOTT
(CURADORA DO ESPÓLIO DO AUTOR)
TUNBRIDGE WELLS
KENT

Esta obra de Christopher Dawson ainda não saíra em forma de livro, mas alguns de seus capítulos já haviam sido publicados em vários periódicos dos Estados Unidos alguns anos antes. Portanto, faz-se necessário agradecer aos editores de *The Review of Politics*, *The South Atlantic Quarterly*, *The Catholic World* e *The Four Quarters* a permissão para usarmos aqui material que apareceu primeiro em suas páginas.

Gostaria de expressar meus agradecimentos ao dr. Arnold Toynbee por sua introdução magistral a este livro; ao sr. James Oliver por sua apreciação e pela gentileza de cuidar do índice remissivo e da bibliografia; e ao sr. E. I. Watkin pelos conselhos muito úteis. Por último, mas não menos importante, gostaria de agradecer ao sr. John J. Mulloy, da Filadélfia, o trabalho valoroso de edição e cotejo do manuscrito original cerca de dez anos atrás, quando meu pai ocupava a cátedra Stillman de Estudos Católicos Romanos na Universidade Harvard.

Introdução

ARNOLD TOYNBEE

As virtudes de Christopher Dawson se tornaram familiares para os leitores das obras que ele publicou no decorrer da vida. No presente livro, essas virtudes se fazem manifestas outra vez. O trabalho de Dawson sempre foi original e sincero. Seus pensamentos e sentimentos são sempre genuínos. Ele nunca os pega de segunda mão, e essa qualidade torna recompensadora a maneira como ele aborda um tema. Ainda que, com frequência, um tema em particular possa ter sido tratado por seus predecessores, a abordagem de Dawson joga uma nova luz sobre ele. Originalidade e sinceridade nem sempre caminham juntas. Há escritores que perseguem a novidade de maneira consciente. Dawson diz sem rodeios aos seus leitores o que ele realmente sente e pensa. Sua religião e suas visões da vida e da História são inequívocas. Ao mesmo tempo, ele tem uma compreensão empática das pessoas cujas perspectivas diferem da sua. Um bom exemplo disso é sua exposição da religião de Robespierre neste livro.

Os Deuses da Revolução é dividido em três partes. A primeira explora os antecedentes acadêmicos e aparentemente inócuos da Revolução Francesa. A parte intermediária lida com as terríveis consequências das teorias traduzidas em ação. A terceira diz respeito às consequências da Revolução. Esta última parte termina, inevitavelmente, com um ponto de interrogação, pois o impacto da Revolução ainda se faz sentir em nossos dias. Dawson coloca a questão nos termos das próprias crenças. Para ele, a religião é a coisa mais importante da vida e o destino da civilização ocidental está ligado ao cristianismo. Se a civilização ocidental se tornasse irremediavelmente "pós-cristã", as perspectivas, na visão de Dawson, seriam sombrias. Ele constata, com uma sensação de alívio, que a primeira reação à Revolução foi um retorno ao cristianismo, mas sua perspicácia e sua franqueza não o deixam presumir que essa é a palavra final da História. Aos seus olhos, a questão fatídica ainda está aberta.

Uma vez que a religião tem um lugar central na visão de Dawson, ele olha para a Revolução Francesa primariamente, ainda que não exclusivamente, em seu aspecto religioso, e isso é o que há de original no relato da Revolução no presente livro. Na Revolução, uma religião sinistra e ancestral, que estava adormecida, entrou em erupção de repente e com violência elementar. Esse espectro era a adoração fanática pelo poder humano coletivo. O Terror foi apenas o primeiro dos crimes em massa que têm sido cometidos em nome dessa religião do mal no decorrer dos últimos 170 anos.

Dawson traz à tona os extraordinários paradoxos da Revolução Francesa. Robespierre era um idealista desinteressado. Seu humanitarismo o levou a patrocinar o Terror. Seu entusiasmo pela razão o levou à forma mais irracional de religião. A humanidade é um objeto absurdo para ser adorado por seres humanos. Na ingênua formulação de Robespierre, essa ressurrecta adoração-do-homem foi efêmera; mas a realidade que calça as pedantes fórmulas robespierrinas continuaram a governar nossa vida, e holocaustos têm sido oferecidos por gerações que querem não o autossacrifício, mas morticínios.

A Revolução foi política, não social. Ela foi uma afirmação vitoriosa da supremacia da *bourgeoisie*. Na década de 1790, como em 1848 e 1871, o proletariado foi esmagado tão logo tentou se tornar o competidor da *bourgeoisie*, em vez de continuar como sua ferramenta e seu fantoche. Na década de 1790, a causa da revolução social foi defendida não pelos anticlericais, mas por um padre católico, Jacques Roux, que trabalhava em uma paróquia depauperada de Paris. Ele foi um precursor dos "padres proletários" franceses do século XX, e o denunciaram na Convenção como se estivesse mancomunado com os padres da zona rural que lideravam a revolta camponesa na Vendeia. Padre Roux e seus confrades vendeianos seriam, na verdade, contrarrevolucionários se a Revolução se resumisse à criação de novos e amplos direitos constituídos. Enquanto os ideólogos e terroristas ocupavam o proscênio, o poscênio deu bastante espaço a pessoas cujas maiores preocupações não eram teorias nem massacres, mas a astuta aquisição de imóveis em condições vantajosas. Essas consequências materiais da Revolução foram confirmadas ao término do Terror, e sobreviveram ao Império e à Restauração.

O proletariado urbano, usado pela *bourgeoisie* revolucionária como aríete, nada ganhou dos espólios. Por outro lado, o campesinato, que foi o oponente formidável, ainda que politicamente malsucedido, da Revolução, compartilhou os despojos econômicos dela com os novos-ricos membros da *bourgeoisie*.

O supremo paradoxo da Revolução foi que, no ato de depor o tradicional *establishment* cristão, abriu-se caminho para um retorno atávico à religião pré-cristã: a adoração do poder humano coletivo que fora a religião pagã do Império Romano e das cidades-Estados gregas que os romanos incorporaram. Essa adoração do poder humano é algo em torno de 90% da religião de cerca de 90% da atual geração da humanidade. Conseguiremos superar isso? E, se continuarmos a seu serviço, aonde isso nos levará? Essa é a maior das muitas questões levantadas pelo presente livro. Livro da mesma qualidade elevada que os trabalhos anteriores do autor.

Apresentação

CHRISTOPHER DAWSON: UMA APRECIAÇÃO
JAMES OLIVER

Um escritor que causa impacto nas convicções das pessoas instruídas de sua época adquire, com o tempo, uma reputação bem diferente daquela que primeiro marcou o seu nome. É agora impossível resgatar o choque causado por *A Peregrinação de Childe Harold*[1] ou *A Terra Devastada*, de Eliot, mais de uma geração atrás. T. S. Eliot, O. M.,[2] é uma figura diversa daquela que deleitava os estudantes ou horrorizava os professores na década de 1920. Eliot era um grande admirador de Christopher Dawson, cujo *Progress and Religion* foi lançado em 1929, cerca de dez anos antes de seu *Ideia de uma Sociedade Cristã*. Como críticos, ambos a princípio resistiram a uma corrente de pensamento, e depois trataram de mudá-la.

Progress and Religion era um livro surpreendente, até mesmo chocante, mas o que causou mais surpresa foram a profundidade e a serenidade de sua pesquisa. As pessoas esperam ou até mesmo torcem para serem surpreendidas por um poeta; de um pesquisador elas esperam, em geral, mais fatos do que julgamentos, mas *Progress and*

---

[1] *Childe Harold* é um extenso poema narrativo de Lord Byron (1788-1824). (N. T.)

[2] Ordem do Mérito (O. M.) é uma condecoração outorgada pelo monarca britânico a pessoas que se distinguem nas Forças Armadas, ciências, artes e promoção da cultura. (N. T.)

Religion era um julgamento de suas ideias preconcebidas fundamentado em fatos concretos.

A Decadência do Ocidente, de Spengler,[3] foi publicado em inglês na década de 1920, mas seu pessimismo foi encarado como uma expressão da derrota da Alemanha, e os britânicos não tinham mais a confiança de seus pais na filosofia alemã: Spengler era próximo demais de Schopenhauer para uma época que ainda tinha fé na Liga das Nações, após uma guerra que acabara com todas as guerras. No entanto, lá estava Dawson, inglês e acadêmico de Oxford, salientando calmamente que a crença que as pessoas tinham no progresso era uma religião que datava do século XVIII. E foi ainda mais longe: ele até simpatizava com essa religião, como simpatizava com qualquer ideia que elevasse o espírito humano. Tal ecumenicidade inicial surpreendeu ainda mais os leitores, que, criados com *O Ramo de Ouro*, de Frazer,[4] estavam acostumados com religião comparada. Contudo, todas as suas comparações eram hediondas, pois presumiam que explicar a religião era o mesmo que desacreditá-la.

Dawson, ao contrário, descrevia a religião como a alma de uma cultura – que se tornava secular ou política apenas ao decair –, e foi capaz de mostrar as origens do progresso no deísmo e no pietismo. A crença no progresso foi a causa do racionalismo francês, do

---

[3] Oswald Spengler (1880-1936) foi um historiador e filósofo alemão. Embora o pangermanismo de algumas das ideias de Spengler tenha a princípio chamado a atenção de nazistas proeminentes, como Joseph Goebbels, seu pessimismo e sua ojeriza à noção de superioridade racial fizeram com que o relegassem ao ostracismo. (N. T.)

[4] *O Ramo de Ouro* é uma obra do antropólogo escocês *Sir* James George Frazer (1854-1941). Trata-se de um alentado estudo comparativo dos mitos, folclores e religiões em diversas sociedades humanas, apoiado na tese de que nossa espécie evoluiu do estágio mágico para o científico, passando pelo religioso. Tal noção foi desautorizada por outros antropólogos, mas certas distinções feitas por Frazer ainda são utilizadas. (N. T.)

idealismo alemão e do liberalismo inglês, surgiu junto com a cultura cristã e era improvável que sobrevivesse a ela.

A prova disso é que o pessimismo contemporâneo se voltou aliviado até mesmo para as visões apocalípticas do Ômega de um Teilhard de Chardin[5] como forma de renovar a crença no progresso como um substituto da religião. Sem dúvida, Christopher Dawson teria respeitado até mesmo isso, pois era excepcionalmente generoso para com as motivações sinceras, como demonstrou em sua abordagem de *Outline of History*, atacado de forma tão severa por Belloc.[6] Dawson surgiu como um grande alívio para a geração posterior a Belloc, exausta com as polêmicas brutais e rejeições insensíveis de quaisquer motivações não cristãs, mesmo que honestas.

Contudo, o próprio Dawson era um defensor ainda mais ferrenho da cultura cristã, à qual devotou a maior parte de seus trabalhos posteriores. Ele desde sempre se incomodava com a estranha parcialidade daqueles acadêmicos, especialmente na Grã-Bretanha e na América do Norte, que reconheciam, e até mesmo insistiam, na enorme importância do islã, do hinduísmo e do budismo para outras culturas, mas ignoravam ou descartavam como algo menor o estudo do cristianismo em relação a sua cultura.

Para Dawson, isso se assemelhava a uma incapacidade de analisar uma cultura com distanciamento. De fato, os britânicos do período entreguerras eram particularmente inconscientes das próprias convicções, de sua ligação profunda com o progresso e o liberalismo;

---

[5] Pierre Teilhard de Chardin (1881-1955) foi um padre jesuíta, filósofo e paleontólogo francês. Ele tentou fundamentar um entendimento unificado da teologia e da ciência e, com isso, desagradou teólogos e cientistas. Foi proibido de lecionar e publicar, e transferido para a China. Posteriormente, sua obra foi reconhecida pela Igreja Católica, e algumas de suas ideias vistas com bons olhos por teólogos importantes, incluindo os papas Bento XVI e Francisco. (N. T.)

[6] Hilaire Belloc (1870-1953) foi um historiador e escritor anglo-francês. A fé católica teve enorme influência em sua obra. (N. T.)

inconscientes até mesmo de seu forte nacionalismo, o qual consideravam uma doença típica de italianos e alemães.

No entanto, essas convicções britânicas foram abaladas pela Primeira Guerra Mundial, e um anglicano importante, o deão Inge,[7] recomendou *Progress and Religion* para seus compatriotas como "um dos grandes livros da nossa época". Para que eles aprendessem, como Paul Valéry diria à época da Segunda Guerra Mundial, que "civilizações são mortais". O deão Inge era célebre por seu pessimismo, mas nenhum humor desse tipo perturbou a serenidade de Dawson, enquanto ele revelava para os cristãos, afundados na prosperidade burguesa, os verdadeiros tesouros de sua cultura. Suas obras posteriores, de *The Making of Europe* (1932) até suas conferências em Harvard reunidas em *A Divisão da Cristandade* (1965) e *A Formação da Cristandade* (1967), foram todas direcionadas à recuperação daquela cultura.

Essas obras levaram alguns historiadores a encará-lo com a mesma aura de suspeição que os fizeram considerar Oswald Spengler e Arnold Toynbee expoentes da meta-história. Em uma resposta ao ataque de Alan Bullock à meta-história, Dawson, em *The Problem of Metahistory* (1951), escreveu:

> O historiador acadêmico está perfeitamente correto ao insistir na importância das técnicas de criticismo histórico e pesquisa. Mas o domínio dessas técnicas não produzirá grande história, não mais do que o domínio da métrica produzirá grande poesia. Para isso, algo mais é necessário (...). A experiência de grandes historiadores como Tocqueville e Ranke me leva a acreditar que uma visão meta-histórica universal (...) compartilhando mais da natureza da contemplação religiosa do que das generalizações científicas se encontra muito próxima das fontes de seu poder criativo.

---

[7] O inglês William Ralph Inge (1860-1954) foi um padre anglicano, escritor e professor de teologia em Cambridge. Também foi deão da Catedral de São Paulo (St. Paul's Cathedral), em Londres, daí ser referido como "Dean Inge", "deão Inge". (N. T.)

Ao escrever isso, Dawson não estava defendendo a si mesmo, tampouco a meta-história foi seu maior legado. Essas obras sobre cultura são importantes graças ao seu talento excepcional como historiador das ideias, revelado pela primeira vez em *Progresso e Religião*.

Tanto é assim que seu derradeiro trabalho, *Os Deuses da Revolução*, lançado postumamente, detém-se em uma análise brilhante das ideias sobre a revolução, particularmente sobre a Revolução Francesa. Aqui também historiadores acadêmicos insistem acertadamente em pesquisas recentes, sobretudo a respeito da economia e da história locais. Dawson tinha muita fé em Le Play para não admitir Lugar, Trabalho e Povo como constituintes primários da vida social. Em *Cultural Polarity and Religious Schism* (1942), ele escreveu que "é o pecado que faz o idealista sacrificar a realidade em nome de seus ideais; rejeitar a vida porque ela falha em corresponder aos seus ideais; e esse pecado é tão predominante entre idealistas religiosos quanto entre seculares".

No entanto, ele sempre insistiu que mesmo as culturas mais primitivas nunca "foram mero resultado passivo de forças materiais. O fator humano é sempre ativo e criativo". Usando como exemplo os caçadores bosquímanos do sul da África, salientou que eles tinham "uma arte e um folclore muito mais ricos e originais do que o de muitos povos avançados" (*Progresso e Religião*, p. 107).

Se isso era verdadeiro para os bosquímanos e esquimós, era, evidentemente, não menos verdadeiro para os salões sofisticados da França do século XVIII, pois suas ideias não poderiam ser "um mero resultado passivo de forças materiais". Para Dawson, o historiador das ideias, estava claro que a reação ao idealismo e a influência do marxismo obscureceram a inspiração mais profunda da Revolução Francesa, a qual, pelo menos até o verão de 1791, teve para muitos a força de uma revelação divina.

Assim, qualquer estudante da Revolução terá de levar em consideração essa passagem do quarto capítulo da presente obra:

Mesmo assim, seria um erro enorme ignorar ou minimizar a importância do fator intelectual na Revolução, como fizeram muitos historiadores modernos em reação às concepções idealistas de Louis Blanc e Lamartine e Michelet. Se fôssemos negar a influência do liberalismo na Revolução Francesa, teríamos de negar a influência do comunismo na Revolução Russa. Na verdade, a movimentação de ideias foi mais ampla e profunda na França do que na Rússia, e teve uma influência bem maior no curso dos eventos. No próprio palco da Revolução, da Assembleia dos Notáveis em 1787 à queda de Robespierre em 1794, a batalha das ideias decidiu o destino de partidos e estadistas, e teve lugar não só na Assembleia Nacional e nas reuniões dos clubes e distritos, mas na imprensa, nas ruas e nos cafés.

De novo, é como um historiador das ideias que Dawson enxerga as consequências da Revolução. Nenhuma disciplina poderia produzir sua impressionante justaposição de Blake e Joseph de Maistre, tão grato ele era a ambos, ou perceber a importância de *Die Christenheit oder Europa*, de Novalis, o qual, reimpresso na Alemanha após a última guerra, tanto estimulou o movimento pela unidade europeia.

Esta obra póstuma de Dawson exibe a amplitude da visão revelada em seus primeiros livros e deve reparar sua reputação, mais ou menos da mesma forma como as discussões póstumas sobre as conferências de Acton[8] repararam a dele. Ambos foram estudiosos solitários, de erudição alemã e com formação sobre a independência britânica. Ambos tiveram um fantástico leque de leituras e produziram menos trabalhos escritos do que seus discípulos gostariam. Ambos tinham um elevado fervor ético – Dawson falou da "sublime visão de Acton sobre a história universal, a qual é algo diferente da história conjunta de todas as nações, e ilustra a mente e ilumina a alma". Aquela história permanece não escrita, embora ambos fossem vozes clamando na selva pela sua vinda. Ambos também

---

[8] John Dalberg-Acton, 1.º Barão Acton, conhecido como Lord Acton (1834-1902), foi um historiador, político e escritor inglês. (N. T.)

estabeleceram sólida reputação como professores em seus últimos anos de vida, Acton em Cambridge, Dawson em Harvard.

O dom de Acton para o aforismo – exemplificado, a título de ilustração, em sua famosa máxima sobre o poder,[9] ou: "Em religião, fanatismo é a aliança das paixões que ela condena com os dogmas que ela professa" – é compartilhado por Dawson. Um de seus aforismos mais profundos afirma: "Apenas uma civilização moribunda negligencia a própria morte". Aqueles para quem ele foi uma suprema influência civilizadora não se esquecerão disso, ou dele.

---

[9] "O poder tende a corromper, e o poder absoluto corrompe absolutamente, de modo que os grandes homens são quase sempre maus", escreveu Lord Acton em uma carta ao arcebispo anglicano e historiador inglês Mandell Creighton (1843-1901). A carta é de 5 de abril de 1887 e integra um diálogo entre os dois sobre a maneira como os historiadores deveriam julgar o passado. Creighton não via com bons olhos a crítica aos personagens históricos e preferia relativizar, por exemplo, os abusos e a corrupção dos papas. Acton, embora fosse católico, argumentava que tais coisas não podiam ser ignoradas, e que todos deveríamos responder a padrões morais universais e mais elevados. (N. T.)

PARTE I

A Revolução das Ideias

Capítulo 1 | A Revolução Europeia

No decorrer dos últimos dois séculos, a raça humana vivenciou as maiores mudanças de que se tem conhecimento desde o começo da História. O homem adquiriu um poder sobre a natureza que ultrapassa os sonhos dos magos e alquimistas do passado. A face do mundo foi alterada. Novos povos surgiram em novos mundos, cuja mera existência era ignorada por nossos ancestrais medievais. O mundo fechado do Oriente antigo foi aberto e trazido para mais perto de nós do que a Inglaterra era para a Itália um século atrás. Mesmo os selvagens das selvas e tundras têm sido arrancados de seu isolamento pré-histórico e forçados a se adaptar, de alguma maneira, aos padrões ocidentais. Em toda parte, da Irlanda ao Japão, da Palestina à Califórnia, os homens estão vestindo as mesmas roupas, usando as mesmas máquinas, vendo os mesmos filmes, lendo os mesmos livros e até mesmo pensando as mesmas coisas.

Essa vasta transformação da vida humana não se deve a causas externas, embora possa parecer tão universal e impessoal quanto as forças da natureza. Resulta da atividade criativa de mentes e anseios humanos: não da mente humana em abstrato, mas da mente e dos anseios de personalidades concretas, vivendo em determinado ambiente social e trabalhando em e por meio de uma tradição histórica definida. Pois a revolução desse mundo, por mais universal que seja em seus efeitos, não é universal em suas origens. Ela tem sua fonte em uma sociedade em particular e em uma civilização em particular, e se alastrou desse centro por meio da expansão e da difusão culturais, e não mediante um processo de desenvolvimento paralelo e independente, conforme a velha concepção evolucionária da lei do Progresso.

Se, então, compreendermos esse processo de mudança, veremos que é insuficiente estudá-lo externamente, como uma série de inovações técnicas e suas consequentes mudanças materiais. Devemos estudá-lo de dentro, como um processo histórico vivo e que é material, social e espiritual. E, acima de tudo, devemos tomar cuidado com a concepção unilateral e uniforme, que interpreta todo o desenvolvimento em conformidade com um único fator.

A revolução europeia é, ao mesmo tempo, uma revolução política, uma revolução econômica e uma revolução científica, mas nenhuma das três causou as demais. Elas são todas experiências paralelas no orgânico processo de mudança que transformou a sociedade ocidental e a mentalidade ocidental durante a Idade Moderna.

Em primeiro lugar, precisamos deixar claro o que é o organismo social, fonte e origem desse movimento de mudança. Pois, quanto a isso, pode-se objetar que, ao falarmos em civilização ocidental ou em tradição europeia, estamos fazendo uso de generalizações que são tão irreais quanto as ideias abstratas de Civilização e Progresso que foram as bases da filosofia social liberal.

A fim de entender a história europeia, primeiro devemos entender o que é a Europa – não uma mera expressão geográfica ou uma coleção heterogênea de nacionalidades independentes, mas uma verdadeira sociedade de povos detentores de uma tradição cultural e religiosa comum. No passado, esse organismo social era conhecido como cristandade, e é, de fato, na cristandade medieval que sua unidade é mais claramente visível.

É verdade que, em suas origens, a cristandade ocidental não coincidia com a cristandade como um todo ou com a Europa. Para um observador do Oriente, ela não devia ser muito mais do que uma remota província bárbara do mundo cristão, isolada entre o norte pagão e o sul muçulmano, e indigna de ser comparada com a rica e civilizada sociedade da cristandade bizantina. No entanto, essa sociedade semibárbara da cristandade ocidental possuía uma vitalidade e um poder de crescimento que faltavam aos seus vizinhos mais civilizados.

De seu centro original nos domínios dos francos, ela estendeu seu alcance aos poucos, até que, no fim da Idade Média, abarcasse todo o oeste e o norte da Europa e tivesse começado sua carreira de expansão colonial além-mar, ao passo que as fortunas da cristandade oriental diminuíram gradativamente até Bizâncio se tornar a capital do islã e os povos cristãos dos Bálcãs serem escravizados pelos turcos.

Essa expansão triunfante, contudo, foi acompanhada por uma perda da unidade interna; a cristandade ocidental era uma síntese de elementos nórdicos e latinos, ordenados e dirigidos pela Igreja e pelo papado. O Estado, como estivesse, então, sob a tutela da Igreja e do clero, os quais possuíam o monopólio da educação superior, assumiu um papel importante em sua administração e política. Mas, com o declínio do feudalismo e o crescimento do poder monárquico centralizado, o Estado declarou sua independência e tentou privar a Igreja de seu caráter internacional e enfraquecer os laços das paróquias com a Santa Sé.

Ao mesmo tempo, o desenvolvimento do sentimento nacional e da cultura vernacular trouxe à tona elementos subjacentes da diversidade racial e cultural que haviam sido mantidos em suspenso, mas não suprimidos pelas forças unificadoras do catolicismo medieval. Tanto o sul latino quanto o norte germânico rejeitaram a síntese medieval como uma mistura impura de elementos discordantes e tentaram voltar a um período anterior à Idade Média e recuperar as tradições puras da cultura clássica e da religião evangélica.

Assim, o século XVI viu a primeira grande revolução europeia, uma revolta conduzida pelo Renascimento Italiano em nome da pureza da cultura e pela Reforma Alemã em nome da pureza do Evangelho. A Idade Média foi rejeitada pelos humanistas como bárbara e pelos reformistas como supersticiosa e corrupta. Para ambos, era a Idade das Trevas, e, para ambos, parecia que a humanidade, após mil anos de barbárie e erro, nascia outra vez, e que a religião e a cultura estavam destinadas à renovação conforme os modelos do cristianismo primitivo e da Antiguidade clássica.

Mas, a despeito desse paralelismo entre os dois movimentos, eles eram tão diferentes em espírito que muitas vezes agiam como inimigos em vez de aliados, e seus efeitos na cultura europeia foram inteiramente diferentes. O Renascimento gradualmente estendeu sua influência por toda a Europa, transformando a arte, a literatura e a ciência ocidentais e criando um padrão comum de educação e cultura que transcendeu fronteiras políticas e nacionais, mantendo, de uma nova forma, a tradição da unidade europeia.

A Reforma, por outro lado, foi uma fonte de lutas e dissensões que dividiram a Europa em campos religiosos hostis e seitas beligerantes. Pois, embora a Reforma protestante tenha estimulado o movimento de reforma no sul da Europa, ela o fez pela via da reação, de tal modo que o movimento de reforma católica foi uma Contrarreforma que declarou guerra aberta contra a Reforma ao norte.

O crescimento incipiente do protestantismo mediterrâneo foi esmagado entre a renovação do catolicismo e a hostilidade do protestantismo nortenho, e os reformistas italianos e espanhóis que conseguiram escapar das mãos da Inquisição caíram vítimas da rigidez feroz da ortodoxia evangélica, como Servet em Genebra e Gentili em Berna.

Os típicos reformistas do sul não foram Ochino e Socino, mas Inácio de Loyola e Carlos Borromeu. Eles foram em quase todos os aspectos a antítese dos reformadores nortistas, pois acentuaram exatamente aqueles elementos da tradição cristã que os protestantes rejeitavam: os princípios da autoridade hierárquica, dos sacramentos, do ascetismo e do misticismo. E, ao passo que os reformadores destruíram monastérios e abandonaram o ideal de uma vida contemplativa, a Contrarreforma encontrou seu centro de ação nas novas ordens religiosas.

A aliança desse movimento de reforma católica com o papado e a monarquia austro-espanhola reverteu a maré da revolta protestante e reconquistou muito do espaço que fora perdido na Europa central e do sul. Por um tempo, pareceu que os poderes dos Habsburgo tornariam o Sacro Império Romano uma realidade e restaurariam a unidade medieval perdida com uma teocracia centralizada, baseada no poderio militar da Espanha, no ouro das Índias e no zelo missionário dos jesuítas. E, embora a realização do sonho de um império católico universal tenha sido frustrada pela resistência teimosa dos huguenotes, ingleses e holandeses, as monarquias da Espanha e dos austríacos Habsburgo permaneceram como a força política mais imponente da Europa no século XVII.

Assim, a influência da Contrarreforma não ficou restrita à religião e à política; ela se juntou às tradições literárias e artísticas do Renascimento para produzir um tipo de cultura fortemente marcante que transcendeu os limites do Mediterrâneo e estendeu sua influência por todo o mundo católico. Esse espírito inspirou a arte barroca, cuja procura por infinitude e intensidade de emoção torna-a mais próxima da arte da Idade Média que do idealismo racional do Renascimento clássico. Era como se o espírito gótico se expressasse outra vez nas formas clássicas.

Não houve movimento similar na Europa protestante. A Alemanha luterana foi ofuscada pela cultura barroca sulista, ao passo que, na Holanda e na Inglaterra, o espírito calvinista e puritano era desfavorável ao desenvolvimento de uma arte religiosa. Tal espírito era algo tão ferozmente iconoclasta quanto os primeiros muçulmanos; mais do que condenar o hedonismo estético da cultura renascentista como pagão e mundano, a religião puritana não deixava espaço para a expressão estética, nem mesmo na esfera espiritual. Para eles, mesmo a graça divina havia perdido sua graciosidade e se tornado o mecanismo irresistível de um poder inescrutável. A natureza humana era tão corrupta que o homem se tornou, por assim dizer, o inimigo natural de Deus; sua única esperança era encontrar-se no ápice da vontade divina que miraculosamente o transformou de um filho da ira em um recipiente de eleição predestinado a cumprir os mandamentos divinos, quase que a despeito de si mesmo e por nenhuma virtude ou mérito próprio.

Mas o pessimismo e o fatalismo da doutrina calvinista não levaram, como se poderia esperar, a nenhuma perda do senso de responsabilidade pessoal, à depreciação da atividade prática ou a uma fuga ascética do mundo. Pelo contrário, o calvinismo era uma escola de disciplina moral e esforço que produziu homens autoconfiantes e de ação, que enfrentaram um mundo hostil com uma sombria determinação a fim de cumprir seus deveres e obedecer aos ditames da consciência a qualquer custo, para si e para os outros.

Tal espírito era a própria antítese do humanismo. Onde quer que tenha se firmado na Europa, como na corte inglesa ou na sociedade patrícia holandesa, ele entrou em conflito aberto com a ortodoxia calvinista, como se vê na Holanda, no caso de Grotius e Vondel, e na Inglaterra, onde a maior conquista do Renascimento nortenho – a dramaturgia de Shakespeare – parece completamente estranha ao desenvolvimento religioso do puritanismo inglês que lhe é contemporâneo, como se pertencesse a outro mundo. Consequentemente, não havia espaço para uma síntese entre as tradições protestantes e renascentistas, como a alcançada pela tradição católica com a cultura barroca.

Basta comparar Bernini com os irmãos Adam ou Santa Teresa com Hannah More para sentir a diferença de espírito entre as duas culturas. A cultura burguesa tem o ritmo mecânico de um relógio; a barroca, o ritmo musical de uma fuga ou de uma sonata.

O conflito entre esses dois ideais de vida e formas de cultura atravessa toda a história da Europa, do Renascimento à Revolução Francesa, e encontra seu reflexo político na luta entre a Espanha e os poderes protestantes. Não seria exagero dizer que, se Filipe II tivesse saído vitorioso contra os holandeses, ingleses e huguenotes, a moderna civilização burguesa jamais se desenvolveria, e o capitalismo, na medida em que existisse, teria adquirido um aspecto inteiramente diverso.

O mesmo espírito governaria Amsterdã e Antuérpia, Berlim e Munique, América do Norte e América do Sul; desse modo, o momento em que Alessandro Farnese regressou, moribundo, de sua marcha em Paris pode ser tido como um dos pontos decisivos da história europeia, pois, embora a cultura barroca fosse rígida e antiprogressista, sobretudo do ponto de vista econômico, ela também era extraordinariamente estável e quase imune à mudança revolucionária interna. Onde pôs os pés uma vez, ela permaneceu, deixando sua marca em regiões como Flandres e Boêmia, geograficamente bem afastadas de seu centro original e com muito mais afinidades naturais e espirituais com o mundo protestante.

Não fosse pela existência de uma espécie de zona intermediária – luterana, anglicana, galicana e jansenista – entre os dois polos da Roma contrarreformista e da Genebra calvinista, é bem possível que a Europa tivesse sido dividida entre duas culturas inteiramente distintas e independentes, que seriam tão diferentes entre si como foi o mundo islâmico da cristandade medieval.

No século XVII, contudo, a nova cultura burguesa protestante apenas começava a impor sua independência social e política, e, na Europa como um todo, a velha estrutura social da cristandade medieval sobrevivia com relativamente poucas mudanças. A despeito da expansão do comércio marítimo e do crescimento das cidades comerciais, a sociedade europeia era predominantemente agrária e ainda se organizava conforme a tradicional hierarquia social de nobres, clérigos e camponeses.

É verdade que a Reforma e a dissolução dos monastérios tornaram o clero dependente do governo e da nobreza secular em toda a Europa protestante, mas o espírito da tradição luterana era intensamente conservador, e a rigidez do sistema de classes tornou os efeitos sociais da dissolução dos monastérios majoritariamente negativos.

Na Inglaterra, a Igreja estatal de Tudor e de Stuart também continuou a defender o ideal medieval de uma ordem social orgânica e funcional e do controle das relações econômicas por um Estado autoritário, enquanto a Igreja deu uma sanção religiosa a essa política ao afirmar que "a mais alta e sagrada ordem dos reis é a do Direito Divino", a qual tinha direito à obediência passiva dos súditos.

As mesmas ideias foram asseguradas na França do século XVII, onde a Igreja Galicana preservou a doutrina do Direito Divino dos Reis tão firmemente quanto a Anglicana. De fato, Bossuet, em seu tratado político extraído das Escrituras, investe o poder real de um caráter quase divino. O rei é a imagem de Deus na Terra e participa da soberania e da independência do poder divino.

> O poder de Deus [ele escreve] se faz sentir instantaneamente de um lado a outro do mundo, o poder real age ao mesmo tempo em todo o reino. Ele detém todo o reino em seu ser, como Deus detém o mundo. Se Deus retirasse a Sua mão, o mundo voltaria ao nada, e se a autoridade cessasse no reino, tudo seria confusão...
>
> Para resumir as coisas grandiosas e augustas que dissemos concernindo à autoridade real. Eis um povo imenso unido em uma única pessoa; eis esse poder sagrado, paternal, absoluto; eis a razão secreta que governa todo o corpo do Estado contida em uma única cabeça; você vê no rei a imagem de Deus, e tem uma ideia da Majestade real. (*Politique Tirée des Propres Paroles de L'Ecriture Sainte*, Livro V, Art. IV, Prop. I.)

Tais concepções tinham mais em comum com o ideal antigo, oriental e bizantino de uma monarquia sagrada do que com as ideias políticas modernas, e mostram o quão profundamente a sociedade europeia ainda estava ancorada nas tradições do passado.

Esse tradicionalismo social impediu que as implicações revolucionárias da Reforma e do Renascimento fossem amplamente realizadas; a noção de que a ordem existente poderia ser radicalmente transformada mal entrava na mente dos homens. A ordem social europeia era um desenvolvimento orgânico – o resultado de séculos e séculos de crescimento inconsciente. Família e Estado, realeza e autoridade, as diferentes ordens e classes com suas funções e privilégios, não eram criações artificiais. Elas sempre estiveram lá e mudaram gradualmente sua forma sob a influência de novas circunstâncias e diferentes ambientes. E, assim, eram tidas como parte de uma ordem natural, decretada por Deus, e aceitas da mesma forma como os homens aceitam as mudanças das estações e outras leis da natureza.

Logo, tampouco o ceticismo religioso, que já fizera sua aparição no século XVI, como a nova ciência da natureza, que já fizera tanto progresso no século XVII, eram fortes o bastante para afetar a base religiosa da vida social. É um erro supor que a cultura europeia foi secularizada no século XVI como resultado do Renascimento e da Reforma. Tanto em países católicos quanto nos protestantes, o século XVII foi uma época intensamente religiosa. Um cético ocasional como Vanini ou um materialista como Hobbes pesavam pouco contra a sólida massa de pregadores e teólogos que formavam a opinião pública e eram praticamente os únicos canais de instrução popular.

Na segunda metade do século XVIII, a Europa parecia ter se recuperado dos distúrbios que se seguiram à Reforma e à era das guerras religiosas e retornado, mais uma vez, à estabilidade e à ordem. O fim da Guerra dos Trinta Anos deixou os exaustos países da Europa central ansiando apenas por paz e se submetendo por completo à vontade de seus príncipes. Na Inglaterra, a Grande Rebelião terminou com a restauração da monarquia e o triunfo do sentimento monarquista, enquanto na Escandinávia o poder real se tornou absoluto, tanto na Dinamarca quanto na Suécia. Mas foi na França de Luís XIV que o triunfo da autoridade e da ordem foi mais completo.

Por volta de 1650, as forças da desordem na França tinham sido derrotadas e todos os recursos materiais e espirituais da nação estavam unidos na vasta e imponente estrutura do Estado monárquico absoluto. O absolutismo de Luís XIV era, então, mais completamente centralizado e organizado com maior eficiência do que o de Filipe II ou do império da Áustria. O sucesso do exército e da diplomacia franceses, o esplendor da corte de Versalhes, a organização nacional da vida econômica, o brilhante desenvolvimento da literatura e da arte com o patrocínio real, tudo contribuiu para elevar o prestígio nacional e estabelecer a hegemonia política e intelectual da França na Europa.

A liderança da Europa católica passou da Espanha para a França e dos Habsburgo para os Bourbon, assim como a cultura barroca do império tinha dominado a Europa no começo do século XVII, de tal modo que a cultura francesa formou os padrões do gosto e da opinião pública europeias durante o *Grand Siècle*.

As duas culturas eram tão estreitamente afins que a cultura francesa da época de Luís XIV poderia ser encarada como um tipo especial da forma nacional do barroco. Mas também foi uma racionalização da cultura barroca que sujeitou a vitalidade não especializada de seu espírito às regras e fórmulas da ordem clássica, da mesma forma como, na esfera religiosa, a paixão espiritual do misticismo da Contrarreforma foi subordinada à disciplina moral da tradição patrística.

Mas enquanto a cultura clássica francesa possuía uma coesão lógica e uma ordem que faltavam à cultura barroca, era uma ordem mais consciente e artificial que tendia a produzir uma sensação de tensão e constrangimento. Mesmo o esplendor da vida na corte se tornou fastidioso quando um nobre não podia se ausentar de Versalhes sem incorrer no desgosto real. Mesmo a grandiosidade do estilo clássico se tornou opressiva quando não deixava espaço para a expressão de gostos e sentimentos individuais. Houve muitos que procuraram se retirar do sempre atento olho da autoridade e buscaram uma atmosfera mais livre, na qual pudessem encontrar relaxamento e liberdade para expressar suas opiniões.

Essa atmosfera mais livre não podia ser encontrada nas escolas e universidades, que ainda eram fortalezas da autoridade e da tradição, ou nas novas academias, que representavam a arregimentação oficial da vida intelectual, mas nas casas de nobres, como o Príncipe de Vendôme e nos salões das grandes damas, como Madame de Sablière e Madame de Lambret, em Paris, ou Duquesa de Mazarin, em Londres, onde cortesãos e homens de letras podiam se encontrar em pé de igualdade.

Em tal atmosfera, não havia espaço para o amargor da controvérsia religiosa, e a intolerância era tida como sinal de falta de educação. Clareza de raciocínio e sagacidade eram mais estimadas do que a profundidade e a convicção, e os prazeres e artes da vida baniam os pensamentos sobre morte e eternidade com que puritanos e jansenistas estavam tão dolorosamente preocupados. No decorrer do século XVII, houve uma tendência ao pensamento epicurista e "libertino" que liga a era de Montaigne e Giordano Bruno à de Bayle e Voltaire; e o maior gênio religioso do século, Pascal, já estava agudamente consciente de que era esse ceticismo descontraído e despreocupado, e não o protestantismo ou o erro metafísico, o maior perigo que o catolicismo tinha de enfrentar.

A mente de Pascal era incomparavelmente mais poderosa e profunda que a do cético. Ele tinha ao seu lado todos os recursos da devoção e do conhecimento e da tradição. Mesmo assim, era o defensor de uma causa perdida, ao passo que o pequeno bando de filósofos amadores, que tinham poucas convicções e estavam mais preocupados com os prazeres da vida do que em apregoar suas opiniões, era o precursor do grande movimento de esclarecimento secular que revolucionou o pensamento europeu e mudou por completo o espírito da cultura ocidental.

Capítulo 2 | As Origens Históricas
do Liberalismo

A história da secularização da cultura moderna ainda não foi escrita, e as razões para tal fato são muito fáceis de entender. Por um lado, a mente da maioria secularizada tem sido tão profundamente afetada pelo processo de secularização que não pode vê-lo de uma forma historicamente objetiva, e, por outro, a minoria religiosa tem sido forçada a uma atitude de oposição negativa que não é menos desfavorável ao estudo desapaixonado. No entanto, trata-se enfaticamente de um problema que requer uma abordagem histórica. O processo de secularização foi um movimento histórico não menos do que a Reforma, um movimento minoritário gradualmente transmitido para círculos mais amplos, até chegar a conquistar as posições-chave da influência social e intelectual, por meio das quais dominou a sociedade europeia. Esse movimento, que já era conhecido como Iluminismo no século XVIII, e a ideologia que o acompanhava, a qual depois adquiriu o nome de liberalismo, há muito têm sido estudados pelos historiadores, sobretudo na Alemanha e na França, ainda que de forma fragmentada; porém, seu trabalho não foi, até o momento, totalmente assimilado pela opinião instruída na Inglaterra e nos Estados Unidos. Aqui, a tendência tem sido concentrar a atenção nas mudanças políticas e econômicas e, acima de tudo, nas revoluções francesa e americana. Não prestamos atenção suficiente à revolução intelectual que havia acontecido antes que surgisse qualquer questionamento sobre uma revolução política. Contudo, é essa revolução intelectual a responsável pela secularização da cultura ocidental. Esse movimento intelectual, como a maioria dos movimentos que mudaram o mundo, era originariamente religioso, embora viesse a ser antirreligioso em seus resultados. Ele deve seu dinamismo à resistência de uma minoria religiosa e à difusão da ação irrefletida e injusta, embora sincera, da ortodoxia. É, de fato, o exemplo supremo na História da maneira pela qual a perseguição e a repressão religiosas frustram o próprio objetivo e servem à causa que estão tentando destruir.

No decorrer dos dez anos de paz europeia que se estenderam de 1678 a 1688, o poder e o prestígio da monarquia francesa atingiram seu ápice e a causa católica estava em ascensão em toda parte. O protestantismo francês parecia ter recebido o golpe de misericórdia com a revogação do Édito de Nantes. As forças protestantes da Alemanha e da Escandinávia eram aliadas e beneficiárias de Luís XIV. O império havia se recuperado da exaustão da Guerra dos Trinta Anos e começava a reconquistar o sudeste da Europa dos turcos e a reprimir o protestantismo na Hungria, que Leopoldo I prometeu transformar no "Reino de Maria". Mesmo a Holanda, o grande baluarte da civilização burguesa e calvinista, saíra da guerra contra a França enfraquecida, desunida e empobrecida.

No entanto, os poderes da autoridade e da tradição eram bem mais fracos do que pareciam, e o momento de seu aparente triunfo marcou, na verdade, a virada da maré e a mobilização das forças de oposição. As tentativas de Luís XIV de exterminar o protestantismo francês pela revogação do Édito de Nantes e de Jaime II de assegurar a tolerância ao catolicismo na Inglaterra reacenderam as chamas da guerra religiosa e despertaram um espírito de resistência passional à supremacia de Luís XIV. Os exilados huguenotes, que caracterizavam, em grande parte, os elementos mais capazes e empreendedores da burguesia francesa, eram os líderes intelectuais do movimento. Onde quer que se estabeleciam, na Holanda e na Inglaterra e no norte da Alemanha, formavam centros de militância e opinião anticatólica e levavam a cabo uma campanha organizada de propaganda pública e agitação secreta contra o governo de Luís XIV e a Igreja Católica.

Desse modo, a diáspora huguenote agiu como um fermento intelectual na Europa Ocidental e instilou um propósito comum nas forças dispersas do protestantismo. Em nenhum lugar sua ação foi mais forte do que na Holanda, que era, ao mesmo tempo, o centro das novas economia e cultura burguesas e do velho espírito calvinista de oposição a Roma e à monarquia contrarreformista. Ali, também estabeleceram relações com os líderes exilados da oposição inglesa, que se refugiaram na Holanda do êxito da reação monárquica na Inglaterra. Ali, Jurieu e Claude, Bayle e Le Clerc e Basnage se encontraram com Shaftesbury e Burnet e Linborch, e foi nessa atmosfera internacional que se conceberam os planos para a Revolução Inglesa e a filosofia que a fundamentaria.

A Revolução de 1688 foi a maior vitória obtida pelo protestantismo desde a própria independência da Holanda, pois, diferentemente da revolução puritana inicial, dirigida contra um rei protestante e seus bispos, ela uniu puritanos e episcopais em defesa de um protestantismo comum. Ela encontrou um líder no principal representante do protestantismo continental, o descendente de Guilherme de Orange, e inaugurou a longa batalha contra Luís XIV que rompeu a força da monarquia francesa e inclinou a balança do poder europeu pela primeira vez em favor dos protestantes.

Contudo, se a Revolução de 1688 foi uma vitória para o protestantismo, ela foi bem diferente do triunfo do Reino dos Santos com o qual Milton e os idealistas puritanos sonharam. As crianças dos santos se tornaram patrocinadores e financiadores de empresas, como Nicholas Barbon, o filho de Louva-Deus Barebone,[1] e *Sir*

---

[1] No original, "Praise God Barebone". Na Inglaterra do século XVII, era comum que os membros de famílias puritanas adotassem "nomes-slogan". A propósito, o próprio Nicholas Barbon era conhecido como Nicholas "Se Jesus Cristo Não Tivesse Morrido Por Ti Estarias Condenado" Barbon. (N. T.)

Robert Clayton, o "extorsionário Ishban" dos versos de Dryden.[2] Eles se aliaram com aristocratas traidores e renegados como Sutherland e Romney, e Shrewsbury e Montagu. E, por trás de toda essa articulação, cismava o gênio sinistro de Shaftesbury.

Jamais a influência dos interesses de classe e a cobiça egoísta se mostraram de forma mais crua na ação política. Foi a vitória da oligarquia e do privilégio sobre a monarquia e o direito. Pois o novo regime era essencialmente um estado de classe, no qual o governo era controlado pelas grandes famílias *whigs*[3] enquanto as administrações locais ficavam nas mãos da aristocracia rural. Contudo, a nova ordem não era, de modo algum, exclusivamente agrária. Como a Revolução devia seu sucesso à aliança entre clérigos e não conformistas,[4] também a ordem social resultante devia sua estabilidade à união entre donos de terras e homens de negócios, união reforçada por casamentos arranjados e pela compra de propriedades por comerciantes ricos e banqueiros. Desse modo, o novo regime adquiriu um caráter claramente burguês que transformou gradualmente a estrutura tradicional da sociedade inglesa. Sob a velha monarquia, o governo havia se esforçado para manter as várias entidades políticas dentro dos limites estabelecidos, assegurar o sistema corporativo na indústria, regular

---

[2] Tempos abençoados, quando Ishban, ele cuja ocupação
Há muito tem sido a de trapacear, reforma a nação!
Ishban de consciência adequada ao seu ofício,
Tão bom santo quanto usurário se fez.
Absalão e Aitofel II, p. 282-85.

[3] O Whig Party ou Partido Whig reunia as tendências liberais no Reino Unido, contrapondo-se aos conservadores do Tory Party. Fundado em 1678, o Whig foi dissolvido em 1859, mas suas ideias contribuíram para a formação do Partido Liberal e, mais tarde, do Partido Social Democrata, atualmente fundidos no Partido Liberal Democrata. (N. T.)

[4] Também conhecidos como dissidentes, os não conformistas foram reformadores que, opondo-se à intervenção estatal e à própria Igreja Anglicana, procuraram fundar suas próprias comunidades religiosas, como os presbiterianos, os metodistas, os quacres, etc. (N. T.)

salários e preços e proteger os camponeses da expulsão e dos cercamentos. Agora, os direitos da propriedade eram absolutos; salários e preços que se autorregulassem; e o princípio do *laissez-faire* tomou o lugar dos velhos ideais de regulamentação estatal e organização corporativa. O século XVIII foi a era de ouro dos grandes donos de terras e fazendeiros, e os homens de posses desfrutaram de uma liberdade e de um prestígio social que nunca tinham conhecido antes. Mas foi uma época de ruína e decadência para os camponeses e agricultores e livres artesãos: foi a era dos cercamentos dos comuns e destruição das guildas; foi uma era que abandonou a tradicional atitude cristã para com os pobres e a substituiu por uma doutrina mais severa que encarava a pobreza como resultado da preguiça ou da imprevidência, e a caridade como uma forma de autoindulgência. Ela fez do egoísmo uma lei da natureza providencialmente concebida para servir ao bem geral, de tal forma que o amor pelo dinheiro deixou de ser a raiz de todo mal e se tornou o motor da vida social.

Essa nova visão de mundo não era, contudo, apenas o reflexo ideológico dos interesses materiais da classe burguesa e do Estado. Por trás disso, estavam a força moral do individualismo puritano e o prestígio de uma imponente tradição filosófica. Os fundamentos espirituais do liberalismo haviam sido colocados muito antes do surgimento do Estado liberal. Pois as sementes da revolução intelectual contidas no pensamento renascentista não foram destruídas pelo triunfo temporário da autoridade na Igreja e no Estado. Na verdade, foi no período barroco, e não à época do Renascimento, que nasceram a nova ciência e a nova filosofia que revolucionaram as ideias dos homens sobre o Universo e a própria natureza humana. E é um fator importante na unidade da cultura europeia que, no momento em que morria a unidade religiosa da cristandade, uma nova comunidade do pensamento que transcendia as fronteiras nacionais e religiosas surgia em seu lugar. A nova síntese física em que se baseava a nova ciência foi uma conquista internacional, para a qual um italiano e um inglês, um francês, um holandês e um alemão – Galileu, Newton, Descartes, Huygens e Leibniz – contribuíram, cada qual, com uma parcela. O cosmopolitismo é menos fortemente marcado na filosofia, em que as características nacionais se mostram no contraste entre o empirismo dos filósofos ingleses – de Bacon a Locke – e o racionalismo cartesiano da França. No entanto, ambos os movimentos se encontraram e trocaram ideias na Holanda, o grande centro de intercâmbio intelectual na Europa do século XVII, onde Descartes e Hobbes, Spinoza e Locke encontraram um lar ou refúgio temporário, e de onde suas ideias foram disseminadas por editores huguenotes e aventureiros cosmopolitas, como Bayle e Le Clerc, Coste e Des Maiseaux, Toland e Mandeville. Assim, no fim do século XVII, cresceu por lá uma tradição comum de pensamento liberal à qual os partidários da nova ordem social podiam apelar em sua luta contra a autoridade.

Essa corrente científica e secular do pensamento renascentista tardio se uniu ao movimento puritano por direitos políticos e liberdade religiosa para produzir a nova cultura inglesa do período da Revolução. É verdade que a Revolução foi uma aparente derrota do princípio da tolerância, uma vez que o rei (cuja atitude, inspirada por Penn, era totalmente sincera, a despeito do que afirmam os historiadores *whigs*) defendia a tolerância, ao passo que os *whigs* lutaram pelos Atos e pelas leis penais. Porém, em geral, os líderes *whigs* não compartilhavam dos preconceitos que usavam como ferramentas. Eles nutriam total simpatia pela nova cultura secular e ansiavam por um Estado que deveria representar não o domínio de uma religião em particular, mas as verdadeiras forças sociais e econômicas da nação. O próprio filósofo da Revolução, John Locke, acreditava na tolerância e em uma religião puramente racional, e sua teoria do Estado e da origem da autoridade política em um contrato social para o bem comum é de caráter estritamente secular. Toda a sua filosofia, com seu bom senso, seu espírito racionalizante, sua rejeição de todas as ideias abstratas e sua derivação do conhecimento exclusivamente da experiência sensível, foi uma das grandes influências formadoras do pensamento do século XVIII, e seu impacto foi muito além dos limites da cultura inglesa.

Ainda mais importante, contudo, foi o trabalho de Newton, a quem se deveu a consecução final dos esforços de Galileu e a conclusão da nova síntese física. Sua triunfante aplicação da lei da gravidade ao movimento dos corpos celestiais justificou a crença de Galileu no poder da matemática para resolver os enigmas do universo material e provou que as mesmas leis físicas eram válidas em todas as partes do Universo. No lugar da doutrina aristotélica de que os céus eram movidos por substâncias espirituais conscientes, cujo eterno movimento derivava de Deus, o motor imóvel, havia agora a concepção do mundo como uma enorme máquina, constituída por corpos materiais situados no espaço absoluto e movidos por leis mecânicas, físicas. As realidades últimas não eram mais substâncias e qualidades espirituais, mas Espaço, Matéria e Tempo.

Assim, ao mesmo tempo que as forças espirituais eram excluídas da sociedade e da experiência humana pela nova filosofia de Hobbes e Locke, seu controle do mundo da natureza também era negado pela nova ciência. Deus não era mais visto como Rei e Pai celestial, que governava Seu mundo pela incessante intervenção de Sua onisciente Providência, nem mesmo como o filósofo do Renascimento O via, como o princípio espiritual imanente da natureza. Ele era o Arquiteto do Universo, um mecânico sublime que construíra a máquina cósmica e a deixava seguir as próprias leis.

Por conseguinte, a nova ciência era tão hostil ao supernaturalismo e ao elemento miraculoso do cristianismo quanto a nova filosofia, e se revelou um dos principais fatores na secularização do pensamento europeu. É verdade que os líderes do movimento não eram, de forma alguma, hostis à religião. Newton e Locke eram bons protestantes, e mesmo o "ateu" Spinoza era um homem profundamente religioso. Todavia, a religião dos filósofos era bem diferente daquela da ortodoxia cristã; ela era inspirada por um espírito racionalista e naturalista que era hostil tanto ao pessimismo agostiniano de Calvino quanto em relação aos êxtases místicos do catolicismo barroco. Era o produto de uma nova cultura laica que vinha se desenvolvendo desde o Renascimento, e que herdara a desconfiança humanista relativa ao obscurantismo clerical e se ressentia da insistência do clero em controlar a educação e o pensamento. O quanto essa tendência anticlerical estava difundida no século XVII é mostrado não só pelo anticlericalismo feroz de Hobbes e Bayle, mas pela atitude dos próprios defensores da ortodoxia: por exemplo, a sátira de Boileau do obscurantismo da Sorbonne, e a desdenhosa rejeição de Dryden da idade da fé:

> Eras infestadas de ferrugem e ignorância...
> Quando a necessidade de aprender mantinha o leigo inferior
> E ninguém exceto os padres eram autorizados a saber;
> Quando qualquer saber mínimo havia, neles fez bem,
> E dele um deus que podia apenas ler ou enunciar.[5]

A ortodoxia da tradição clássica era, de fato, mantida apenas por uma severa disciplina moral, e um forte senso de autoridade no Estado foi acompanhado por uma revolta contra o princípio da autoridade na religião e uma afirmação da supremacia da razão e da liberdade de pensamento. Foi apenas um passo do *Cristianismo Razoável* (1695), de Locke, para *Cristianismo, Não Mistério* (1696), de Toland, ou do ceticismo negativo de Boyle para a incredulidade explícita de Collins e Mandeville. Já na era augusta, a religião na Inglaterra foi exposta a uma propaganda anticlerical e anticristã, satirizada por Swift no brilhante *Argumento Contra a Abolição do Cristianismo*.[6]

---

[5] *Religio Laici*, p. 370-75.

[6] "Um Argumento para demonstrar a Abolição do Cristianismo na Inglaterra pode, da maneira como as coisas estão, ser alvo de algumas inconveniências, e talvez não produzir aqueles muitos bons efeitos assim previstos." (1708)

No entanto, os perigos imediatos desse movimento eram menos graves do que pareciam para crentes contemporâneos, como Charles Leslie e William Law. Os excessos do deísmo e da infidelidade alarmaram o sujeito de sólida opinião protestante e burguesa, o qual era a força real por trás da Revolução Inglesa, e produziram a reação religiosa que caracterizou as décadas em meados do século XVIII. A nova sociedade encontrou seus líderes intelectuais não em livres-pensadores cosmopolitas, como Toland e Bolingbroke, mas em homens de visões moderadas, como Steele e Addison e Pope, que adaptaram os ideais do pensamento humanista às necessidades da classe média inglesa, e assim deram à cultura burguesa protestante uma forma clássica que faltava por completo à pura tradição puritana, como se via na Nova Inglaterra desse período.

No século XVIII, o humanismo inglês se reconciliou com a ética puritana, e o racionalismo com a teologia protestante, conforme representada por Samuel Clarke, Hoadly e Warburton. Pois a maior ameaça à ordem estabelecida veio da direita e não da esquerda, e o medo de uma contrarrevolução jacobita[7] fez com que os apoiadores dos princípios da revolução adotassem uma atitude conservadora em defesa do *statu quo*.

Desse modo, foi na França, e não na Inglaterra, que as consequências revolucionárias das novas ideias se realizaram por completo e o ataque à ordem tradicional cristã foi mais longe, embora o Iluminismo francês deva muito de seu sucesso às conquistas da Revolução Inglesa e à influência das ideias britânicas. Mas, na França, não havia espaço para concessões como as dos *whigs*. A imponente unidade do absolutismo francês e do catolicismo era como uma fortaleza que precisava ser destruída antes que a cidade pudesse ser tomada pelas

---

[7] O jacobitismo foi um movimento político britânico e irlandês que, nos séculos XVII e XVIII, queria a restauração do reinado da Casa de Stuart. Foi um movimento próprio daquele período de transição entre os governos absolutistas ou tradicionalistas para o parlamentarismo liberal da Casa de Hannover. (N. T.)

forças do liberalismo e da revolução. O reforço da unidade religiosa após a revogação do Édito de Nantes não deixou espaço para a liberdade de opinião, e as energias que, na Inglaterra, encontraram uma válvula de escape na vida comunal das seitas não conformistas e suas controvérsias teológicas estavam, na França, sob a superfície e só podiam se expressar na crítica negativa ou no idealismo utópico. Assim, não é por acaso que à era que viu o fim do protestantismo francês se seguiu a era do Iluminismo filosófico; na verdade, este último pode ser encarado como uma segunda Reforma que levou a revolta contra a autoridade e a tradição da esfera teológica para a cultura secular. A Igreja Católica sofreu as consequências do ataque; de fato, os novos reformistas repetiram com insistência monótona as agressões ao poder sacerdotal e à superstição, aos monastérios e ao ascetismo, à tirania papal e ao obscurantismo escolástico, agressões que foram moeda corrente na controvérsia protestante por dois séculos. Entretanto, o Estado e a ordem social não estavam mais imunes. Cada instituição e cada crença aceita eram submetidas ao teste da crítica e sumariamente rejeitadas se consideradas irracionais ou desprovidas de utilidade social. Aos olhos dos novos filósofos, a tradicional ordem social e religiosa da cristandade ocidental era uma estrutura gótica antiquada e não mais habitável. Havia chegado o momento de demoli-la e construir, sobre a *tabula rasa* da natureza humana, um novo edifício alicerçado em simples princípios racionais, os quais serviriam melhor às necessidades de uma sociedade ilustrada.

As implicações revolucionárias dessa reforma da sociedade só foram percebidas aos poucos. Os primeiros líderes do Iluminismo, como Voltaire e Montesquieu, não tinham a intenção de promover uma revolução social. Embora odiassem o medievalismo e o clericalismo, eles nutriam uma profunda admiração pela época de Luís XIV, e seu ideal era o de um classicismo secularizado e humanizado. Quando o huguenote La Beaunelle atacou o regime de Luís XIV, chamando-o de despotismo intolerante e opressivo, o próprio Voltaire levantou-se em defesa do rei e das conquistas de seu reinado, o qual afirmou ser a maior época que a França ou qualquer nação europeia teria conhecido. Embora o Iluminismo francês estivesse intimamente ligado à ascensão da burguesia e ao desenvolvimento de sua nova mentalidade, a burguesia francesa era uma classe bem diferente daquela que criou a nova sociedade capitalista na Holanda, na Inglaterra e nos Estados Unidos. Na França, o Estado manteve o comércio e a indústria em rédea curta, e a política de Luís XIV e Colbert não deixou espaço para o desenvolvimento de um poder financeiro independente, como o dos financistas que comandavam as Companhias das Índias Orientais holandesa e inglesa, o Banco de Amsterdã e o Banco da Inglaterra. O típico financista francês era um funcionário do governo, um tesoureiro ou um fiscal da fazenda; e até mesmo os banqueiros, como Samuel Bernard, o grande capitalista huguenote sob Luís XIV, estavam mais preocupados com a negociação de empréstimos públicos do que com o crédito comercial ou industrial ordinário.

Consequentemente, a burguesia francesa procurava o Estado em vez da iniciativa privada para obter empregos e avanços sociais. Era a ambição do rico comerciante ou advogado comprar um cargo que abrisse as portas de uma carreira no serviço público para seu filho.[8] Em maior proporção do que qualquer outra nação europeia, a França era um Estado de advogados e funcionários. A burocracia francesa, "a ordem dos funcionários", como era chamada, formava uma espécie de aristocracia burguesa, distinta em caráter e origem da nobreza feudal; mesmo os grandes ministros de Luís XIV, como Colbert, eram,

---

[8] Compra e venda de cargos públicos era uma prática bastante comum na França daquele tempo. Era algo que ocorria desde a Idade Média, mas foi Henrique IV quem, em 1604, institucionalizou a coisa como forma de levantar fundos para a Coroa. "Segundo David D. Bien, da Revolução Americana à Francesa foram levantados com a venda de cargos algo em torno de 45 milhões de libras" (Simon Schama, *Cidadãos – Uma Crônica da Revolução Francesa*. Tradução: Hildegard Feist. São Paulo, Companhia das Letras, 2009, p. 75). (N. T.)

em geral, de origem humilde. É verdade que, no século XVIII, o caminho para o desenvolvimento ficou mais difícil e a *noblesse de robe* se tornou cada vez mais uma casta fechada. Ainda assim, por maior que fosse o abismo entre grandes magistrados como Montesquieu e Henault e advogados como Mathieu Marais ou o pai de Voltaire, eles possuíam uma unidade de tradições, interesses e ideias similar àquela que une os oficiais com patentes e os suboficiais no exército, ou os prelados e os sacerdotes na Igreja.

A predominância dessa classe de advogados e funcionários reflete-se no desenvolvimento da sociedade e da cultura francesas durante os séculos XVII e XVIII. Ela se mostrava no senso de lógica e ordem, na insistência em princípios e direitos abstratos, e nos ciúmes do domínio clerical que inspiraram uma opinião laica instruída. Foi essa classe que criou a cultura clássica e o estado absolutista do *Grand Siècle* pelo gênio administrativo do arquiburocrata Colbert e pela liderança intelectual de homens como Racine e Boileau, Pascal e Descartes, Bossuet e Malebranche, todos membros da *noblesse de robe*, a classe de funcionários burgueses.[9] No século XVIII, essa classe continuou tão importante quanto antes, mas não era mais controlada pela mão firme de um grande rei como Luís XIV, cujos rígidos princípios religiosos e intensa devoção ao dever fizeram dele a personificação do ideal burocrático da monarquia. A corte do regente, por sua vez, ultrajava todas as tradições da burguesia com imoralidade e luxúria, e uma tentativa abortada do *novo* governo de restaurar o papel político da nobreza antagonizou o Parlamento de Paris e a burocracia. A classe dos funcionários tornou-se animada por um espírito de oposição e descontentamento que era uma fonte constante de embaraço para o governo francês no decorrer do século XVIII. Não foram ateístas ou demagogos que minaram a ordem majestosa do *Grand*

---

[9] As maiores exceções são Fénelon, St. Simon e St. Evremond, que eram aristocratas, e Molière e Bayle, que eram burgueses, e estes eram exatamente os escritores que tinham menos simpatia pelo regime de Luís XIV.

Siècle. Muito antes da Revolução, a autoridade da Coroa foi desafiada pelos funcionários representantes da legalidade, e a ortodoxia da Igreja foi desacreditada pelos partidários do tradicionalismo teológico. Os dois movimentos de oposição política e religiosa estavam intimamente ligados, e em nenhum lugar as características da casta parlamentar dos funcionários estão mais claramente definidas do que nos líderes do movimento jansenista, como os grandes Arnauld e Nicole e M. de Sacy. Mas foi apenas no século XVIII que o jansenismo quase se confundiu com a oposição parlamentar e degenerou em uma seita mesquinha e amarga que fez mais para desacreditar a causa da religião do que todos os ataques dos filósofos. Foi o jansenismo que primeiro criou o anticlericalismo burguês que aparece tão claramente nos diários de homens, como Matthieu Marais. E foi esse espírito de anticlericalismo jansenista que preparou o caminho para a queda dos jesuítas e, assim, abalou os próprios alicerces da cultura barroca.

Contudo, ainda que a oposição jansenista tenha dividido e enfraquecido as forças da tradição, ela era incapaz de criar uma nova ordem. Era, em si mesma, uma causa perdida – uma espécie de jacobitismo religioso – condenada a lutar em vão contra a onda crescente do Iluminismo. Não foi na atmosfera empoeirada da Sorbonne e dos parlamentos que o espírito da nova era encontrou expressão, mas no grande mundo da corte e dos salões, onde o culto do prazer e a busca por sucesso social eram por demais sedutores aos homens para que eles se incomodassem com as demandas austeras da moralidade jansenista. Como vimos, a tradição do livre-pensamento e da vida desregrada já estava bem estabelecida na sociedade aristocrática francesa durante o século XVII. Mas foi no século XVIII, no reinado de Luís XV, que ela passou dos nobres para os burgueses e evoluiu para o grande movimento de ideias que secularizou a cultura francesa. Voltaire, o principal representante desse movimento, era ele próprio um membro da classe dos advogados que preferiu uma carreira nas letras à carreira para a qual seu pai o havia destinado, alcançando, por puro talento literário, uma posição de grande riqueza e relevância social que nenhum homem do povo atingiu até hoje na Europa. Com isso, serviu tanto aos interesses da classe quanto aos dele mesmo, pois fez mais que nenhuma pessoa para elevar a profissão das letras da imundície proletária da Rua Grub[10] e sua dependência servil de patronos nobres para um poder independente na sociedade europeia – um Quarto Estado que podia se encontrar com príncipes e ministros em pé de igualdade e influenciar a sorte das nações. Voltaire se formou na sociedade liberal da Regência – no templo e nos salões da Duquesa de Maine –, e sua mente nunca perdeu a marca da tradição regencial. Mas seu espírito burguês se revoltou contra o orgulho arbitrário e a desigualdade da sociedade aristocrática, e foi na Inglaterra da Revolução *Whig*, e não na França da Regência, que encontrou sua vocação filosófica.

É verdade que ele estava seguindo os passos de muitos outros exilados franceses, como os huguenotes Leclerc, Coste e Desmaiseaux, mas foi, de longe, o maior dos apóstolos das ideias inglesas, e sua visita à Inglaterra em 1726, à qual se seguiu a de Montesquieu no ano seguinte, marca uma época na história do pensamento francês.

Voltaire e Montesquieu encontraram na Inglaterra uma sociedade que era a antítese direta de tudo o que eles conheciam na França – uma sociedade na qual a coroa não tinha controle sobre a legislatura ou a administração da justiça, e onde a maior das liberdades de pensamento e expressão prevalecia, tanto nos assuntos políticos quanto nos religiosos. Eles ficaram impressionados com o vigoroso individualismo da vida inglesa e com a prosperidade econômica e

---

[10] Até o começo do século XIX, a Grub era uma rua de Londres que ficava próxima do distrito empobrecido de Moorfields. Era famosa por concentrar poetas aspirantes, escritores de aluguel, editores e livreiros de segunda categoria. Eram pessoas que viviam e trabalhavam à margem da cena literária e jornalística londrina. Renomeada Rua Milton, a Grub foi parcialmente engolida pelo Barbican Estate, complexo residencial e comercial repleto de instituições financeiras. (N. T.)

social que o acompanhava, mas, acima de tudo, com seu espírito francamente secular e anticlerical. Pois eles descobriram a Inglaterra na época dos deístas e livres-pensadores, antes da grande renovação religiosa wesleyana, de cuja aproximação dificilmente poderiam suspeitar. "Point de religion en Angleterre",[11] diz Montesquieu – e essa foi a característica da vida inglesa que mais atraiu a mente de Voltaire. Ele a atribuiu à vitória da nova filosofia de Newton e Locke e, em conformidade com isso, fez dela a base de sua propaganda filosófica na França. Sua primeira obra influente, *Cartas Filosóficas* ou *Cartas Inglesas*, que começa com uma discussão sobre as seitas inglesas e um louvor à tolerância da Inglaterra, encontra seu cerne em uma exposição das ideias de Newton e Locke, os quais ele saúda como as maiores mentes da raça humana. "De Platão até Locke não há nada", ele afirma; e depois D'Alembert resumiu o julgamento de sua época ao declarar que Locke era o criador da metafísica, e Newton o criador da física.

Essa propaganda filosófica atingiu um sucesso extraordinário na França. As novas ideias foram aceitas pelo mundo elegante e debatidas nos salões das grandes senhoras e dos financistas do momento. De 1751 em diante, com a publicação da grande *Enciclopédia*, elas foram recebidas como se fossem uma declaração oficial e se tornaram o credo de um partido organizado, que ganhava adeptos onde quer que a cultura francesa fosse dominante, de Berlim a Nápoles.

Mas o movimento sofreu uma mudança profunda ao passar da Inglaterra para o continente. Como vimos, a Revolução *Whig* se baseou no robusto individualismo da sociedade protestante burguesa, e a nova cultura inglesa representou um meio-termo entre as tradições puritana e humanista. Na França, por seu turno, as novas ideias foram introduzidas em uma sociedade tornada uniforme pelas influências conjuntas da Igreja da Contrarreforma e da monarquia barroca,

---

[11] Em francês, no original: "A questão da religião na Inglaterra". (N. T.)

e que possuía uma unidade cultural e religiosa completa. Os filósofos se viram em oposição não a uma massa flutuante de seitas em guerra, mas a uma única Igreja que reivindicava autoridade absoluta sobre o pensamento e a moral. Daí o caráter abertamente anticristão do movimento filosófico, cujo lema era o dito de Voltaire "*Écrasez l'infâme*",[12] que acabou por levar à celebração do Festival da Razão na Catedral de Notre-Dame. Embora devessem invocar o princípio da tolerância, como praticado na Inglaterra, seu verdadeiro anseio era o de substituir uma unidade por outra, substituir o reino universal da religião e da autoridade pelo da ciência e da razão. Esse absolutismo do pensamento, tão profundamente diverso do realismo cauteloso dos pensadores ingleses, devia-se não só à violência da luta intelectual, mas a toda uma tendência da mente francesa. Os homens daquela época tinham uma crença ilimitada nos poderes da razão humana e na possibilidade de uma transformação social imediata se ao menos a legislatura pudesse ser conquistada para a causa da razão e do progresso. Mas eles não nutriam nenhum desejo de revolução social ou política, e tinham pouca simpatia por ideais democráticos. Quase todos os filósofos, como seus predecessores, os ingleses *whigs*, estavam do lado da propriedade e da ordem. Seu ideal era o de um liberalismo autoritário baseado na união do governo com a *intelligentsia*,[13] e eles nunca foram tão felizes quanto ao agir como conselheiros secretos de reis e ministros, como Voltaire com Frederico II e Choiseul, e Diderot com Catarina, a Grande.

A despeito da veia socialista utópica que vem à tona em escritores como Morelli, autor de *O Código da Natureza*, e o *Abbé* Mably,[14]

---

[12] Em francês, no original: "Esmague a infame", isto é, a Igreja. (N. T.)

[13] É uma pena que o século XVIII não conheceu esse neologismo útil, pois a classe à qual ele se refere nunca esteve mais definida, mais consciente e mais influente do que na França desse período.

[14] Em francês, no original: "Abbé" significa "Abade", e era um título honorífico dado aos eclesiásticos. (N. T.)

os filósofos teriam se horrorizado com a ideia de transferir o poder de governantes como Frederico, o Grande, e Catarina da Rússia, ou de ministros como Choiseul e Turgot, para o povo. Voltaire, em particular, tinha um desprezo ilimitado pelo populacho, a "*canaille* que não é merecedora de esclarecimento e merece sua canga". Ele próprio era um capitalista que acumulara enorme fortuna com empréstimos e especulações e investimentos cuidadosos, e ninguém poderia ter um senso mais forte de propriedade ou um desejo maior de tirar o máximo proveito da posição que conquistara. Ele era um verdadeiro liberal, mas seu liberalismo nada tinha de visionário ou utópico. Na verdade, como ressaltou M. Lanson, o ideal voltairiano encontrou sua realização na França burguesa de Luís Filipe.[15,16] Mesmo em se tratando de questões intelectuais, os filósofos não eram, de forma alguma, a favor do esclarecimento universal. "Duvido", escreve Voltaire, "que o populacho tenha o tempo ou a capacidade de se educar. Eles morreriam de fome antes de se tornar filósofos. Parece essencial que haja mendigos ignorantes. Se você tivesse de melhorar uma propriedade ou tivesse lavouras, concordaria comigo. Não é o trabalhador que devemos instruir, é o *bon* burguês morador da cidade."[17] "Nós nunca pretendemos ilustrar sapateiros ou criadas, essa é a porção dos apóstolos."[18]

De fato, como David Mornet salienta, foi a Igreja que trabalhou praticamente sozinha, e sem sucesso, pela causa da educação popular, ao passo que os filósofos se contentavam em devotar suas energias à instrução do "pequeno rebanho" dos ricos, as pessoas bem-nascidas e bem-educadas que formavam a opinião pública. Nisso, sua

---

[15] G. Lanson, *Voltaire*, p. 80.

[16] Luís Filipe I (1773-1850) foi rei da França de 1830 até abdicar em 1848. Seu reinado ficou conhecido como a Monarquia de Julho e foi dominado pela burguesia abastada e por ex-oficiais do período napoleônico. (N. T.)

[17] Para Damilaville, 1.º de abril de 1766.

[18] Ibidem, 6 de dezembro de 1757.

propaganda se mostrou extraordinariamente bem-sucedida. Com a queda dos jesuítas, a Igreja perdeu sua influência sobre as mentes das classes dominantes e os filósofos tomaram o lugar dos confessores e guias espirituais de reis e ministros. O movimento atingiu seu ápice na geração anterior à Revolução Francesa, a época de José II na Áustria e seu irmão Leopoldo na Toscana, Catarina II na Rússia, Gustavo III na Suécia, Struensee na Dinamarca, Florida Blanca na Espanha e Turgot e Malesherbes na França. Mesmo antes desse período, as novas ideias estavam em ação na França sob Choiseul e Madame de Pompadour, na Prússia sob Frederico, o Grande, na Áustria sob Kaunitz, em Nápoles sob Tanucci e em Portugal sob Pombal. Em toda a Europa, estadistas estavam empenhados em varrer os destroços da Idade Média e realizar reformas administrativas, sociais e econômicas de acordo com os princípios da nova filosofia. Porém, embora o sucesso desse movimento tenha sido rápido e generalizado, ele também foi limitado e superficial. Debaixo da superfície de ilustração racional, a vida dos camponeses e artesãos seguia os velhos costumes das tradições sociais e religiosas. Enquanto a corte de Catarina II ou de José II lia os livros mais recentes de Paris e adotava o racionalismo em voga na sociedade cosmopolita, seus servos camponeses ainda viviam no mundo do catolicismo barroco ou da ortodoxia bizantina. E, desse modo, desenvolveu-se uma divisão na sociedade que continha as sementes do conflito de classes e da revolução social. Na velha ordem cristã, nobres e camponeses compartilhavam uma fé comum e um serviço religioso comum. Mas, agora que o cristianismo só era considerado bom para as classes inferiores, como Voltaire afirmava com tanta frequência, o alicerce espiritual da sociedade estava destruído. A despeito de tudo o que os déspotas esclarecidos e seus ministros fizeram pela causa da civilização e do progresso, eles perderam o caráter sagrado da velha realeza cristã que investira até mesmo o inexpressivo exterior dos últimos Habsburgo com a aura da divindade. E, com a perda dessa tradição, o coração abandonou o *Ancien Régime* e deixou apenas uma casca vazia. É verdade que, em certos aspectos, a cultura europeia jamais alcançou um nível mais elevado do que na França durante a Era das Luzes. Jamais a arte de viver foi mais cultivada, jamais a sociedade foi mais aberta a ideias e mais disposta a apreciar e recompensar o talento intelectual; mas todas as graças da vida – as famosas *douceur de vivre*[19] de que fala Talleyrand – eram com frequência uma fachada brilhante que nada tinha além de um vácuo espiritual atrás de si. Os homens leais à velha tradição, como o Dr. Johnson, tinham seus corações no lugar certo, por mais estreitos e intolerantes que fossem em suas posições. Mas há uma desumanidade repulsiva nos líderes do Iluminismo, como Frederico, o Grande, e Voltaire e Chesterfield e Horace Walpole e Talleyrand, desumanidade que é a fraqueza característica de uma cultura puramente racional.[20] Por conseguinte, surgiu uma reação ao Iluminismo, que afirmava os direitos do coração contra a ditadura da razão, e criou uma nova religião do sentimento que fez mais do que todas as racionalizações dos filósofos para criar uma nova ordem social. A resposta a Voltaire não veio da Sorbonne ou dos jansenistas, mas de Rousseau.

---

[19] Em francês, no original: "doçura de viver". (N. T.)

[20] Vide, por exemplo, a recusa de Kaunitz em visitar seu imperador e amigo moribundo porque não suportava ver gente doente.

Capítulo 3 | O Nascimento da Democracia

As origens da democracia moderna estão tão intimamente ligadas à história do liberalismo que é uma questão de considerável dificuldade desembaraçá-las e distinguir suas respectivas contribuições para a tradição política comum da moderna cultura ocidental. Tal questão também envolve aquela da relação entre as três revoluções, a Inglesa, a Americana e a Francesa, que transformaram a Europa do *Ancien Régime,* com suas monarquias absolutistas e igrejas estatais, no mundo moderno. Claro, todas as três foram revoluções liberais, e todas foram expressões políticas do movimento do Iluminismo europeu em suas fases sucessivas. Mas esse movimento não era originalmente democrático, e foi apenas na segunda metade do século XVIII que o ideal democrático foi claramente formulado. No continente europeu, a revolução das ideias precedeu as revoluções política e econômica em meio século e não foi, em nenhum sentido da palavra, um movimento democrático; foi obra de uma pequena minoria de homens letrados que se importavam mais com os nobres e príncipes da Europa do que com as pessoas comuns, e cujo ideal de governo era um absolutismo benevolente e esclarecido, como o de Frederico, o Grande, ou da imperatriz Catarina da Rússia. Havia um abismo entre as ideias de Voltaire e Turgot, de Diderot e D'Alembert, e as opiniões do homem comum. O liberalismo dos filósofos era uma planta de estufa que não poderia ser facilmente aclimatada ao ar aberto dos campos e ao mercado.

Não há dúvida de que a cultura do Iluminismo teve uma difusão internacional que lhe deu prestígio e influência, tanto que, se julgássemos apenas pelas evidências literárias, deveríamos concluir que a causa do liberalismo já havia vencido. Entretanto, foi um triunfo superficial, que afetou uma porção infinitesimal da sociedade europeia; fora do círculo da minoria privilegiada e educada, a vasta maioria da população ainda seguia as velhas maneiras e aceitava as crenças e ideias de seus antepassados. As forças que unificaram o mundo moderno – industrialismo, transporte mecanizado, jornalismo, educação pública e serviço militar universal – ainda não existiam, e a sociedade era constituída por incontáveis unidades regionais, economicamente autônomas e que possuíam suas tradições e seus costumes, e com frequência até mesmo as próprias leis e instituições.

Esse regionalismo encontrou seu desenvolvimento extremo nos pequenos Estados e principados eclesiásticos da Alemanha, que eram um museu perfeito da permanência medieval; mesmo na França, que era o Estado continental mais unificado, a influência do passado feudal ainda se fazia sentir na diversidade das instituições provinciais: cada uma das quais tinha sua vida econômica apenas remotamente afetada pelas modas e opiniões do grande mundo. A Igreja mantinha seu poder sobre a mente dos homens, e seus festivais e peregrinações desempenhavam um papel muito importante na vida das pessoas. Havia uma profunda corrente subterrânea de vida religiosa na Era do Esclarecimento que não é menos importante por ter sido ignorada pelos filósofos e homens das letras. A época de Voltaire e Bolingbroke e Frederico, o Grande, foi também a época de Wesley e Tersteegen[1] e São Paulo da Cruz.[2] É verdade que esse movimento é mais evidente no mundo protestante, com os moravianos e pietistas na Alemanha, os metodistas na Inglaterra e o Grande

---

[1] Místico protestante e poeta religioso (1697-1764), de Mülheim an der Ruhr.

[2] São Paulo da Cruz (1694-1775) foi fundador da Ordem Passionista na Itália, em 1720.

Despertar nos Estados Unidos, mas de modo algum ele esteve ausente da Europa católica no século XVIII, como vemos na fundação de novas ordens missionárias na Itália, na construção de grandes monastérios barrocos e igrejas de peregrinos como as de Wies, Vierzehnheiligen, Melk e Neresheim na Alemanha e na Áustria, e na vitalidade da vida religiosa popular. Nada indica melhor o divórcio entre o racionalismo burguês do Iluminismo e a tradição religiosa da cultura popular do que a figura do santo pedinte Benedito José Labre (1748-1783), que viveu como um ascético medieval e milagreiro na época de Gibbon e Adam Smith.

Mas, a despeito de seus recursos internos e por sua forte aliança com o Estado, a Igreja tornou-se excepcionalmente vulnerável a qualquer ataque vindo de cima. Consequentemente, a substituição do despotismo esclarecido de José II e Choiseul e de Carlos III da Espanha pelo absolutismo católico do período barroco privou a Igreja de seu método tradicional de ação social e neutralizou suas atividades por duas gerações. A situação era propícia à ascensão de uma nova força espiritual que preencheria o vácuo criado pelo colapso temporário da ação católica e forneceria uma válvula de escape aos instintos religiosos que não encontravam satisfação na cultura racional do Iluminismo, o qual havia varrido e adornado a mente ocidental sem trazer nada para tomar o lugar da religião que destruíra. O típico homem da época, como Voltaire ou Frederico, o Grande, ou Horace Walpole, era o produto final de uma cultura aristocrática humanista. Ele possuía todas as dádivas que uma cultura puramente intelectual poderia oferecer, mas a dura superfície polida de sua mente refletia a luz sem reter o calor. Se as ideias liberais do Iluminismo fossem penetrar além do mundo limitado das classes privilegiadas e mudar o pensamento e a vida das pessoas, teriam de apelar a forças psicológicas que estavam sob a consciência racional. Elas teriam de ser transformadas de filosofia em religião: deixar de ser meras ideias e se tornar artigos de fé.

A reinterpretação do liberalismo em termos religiosos foi obra de Jean-Jacques Rousseau, que assim se tornou o fundador e profeta da nova fé – a religião da democracia. Filho de um relojoeiro de Genebra, *déclassé et déraciné*, ele chegou ao mundo dos salões vindo das fronteiras daquele submundo religioso que os filósofos tinham desprezado ou ignorado. A despeito de sua conversão ao catolicismo, preservou o intransigente individualismo religioso do protestantismo genebrês e, embora tenha sido convertido do catolicismo para o liberalismo, manteve um sentimento de vínculo para com a devoção dos padres e homens religiosos, como o *Abbé* Gaime e o *Père* Hemet, de quem fora amigo na juventude. Assim sendo, ele se sentiu estranho e forasteiro na sociedade dos filósofos, e olhou para a cultura brilhante e materialista da Paris do século XVIII com o ressentimento e o olhar reprovador de um puritano e homem do povo. Em 1749, em uma tarde quente de outono, quando caminhava para Vincennes a fim de visitar Diderot, ele experimentou um súbito lampejo de inspiração que lhe revelou sua verdadeira missão e o converteu de um malsucedido homem de letras no profeta de um novo evangelho. Ele viu que todas as enfermidades do homem e todos os males da sociedade se deviam não ao pecado ou à ignorância do homem, mas à injustiça social e à corrupção de uma civilização artificial. Se o homem pudesse retornar para a natureza e seguir os instintos divinamente inspirados do próprio coração, tudo ficaria bem. A criança selvagem da natureza era muito mais feliz do que a criança arruinada da civilização, e a fé simples do camponês era mais sábia do que toda a ciência dos filósofos.

Essa crença, que encontra sua primeira expressão no *Discurso sobre as Ciências e as Artes* (1750) e no *Discurso sobre a Origem e os Fundamentos da Desigualdade entre os Homens* (1755[3]), foi o tema de todas as suas obras subsequentes. Ele a aplica à religião em sua *Carta a Voltaire sobre a Providência* (1756) e na *Profissão de Fé do Vigário Saboiano*; ao casamento e à família em *A Nova*

---

[3] No original, Dawson cita o ano 1753 como o da publicação dessa obra. Na verdade, ela foi escrita em 1754 e inscrita em um prêmio da Academia de Dijon, com o qual não foi agraciada. Rousseau só a publicaria no ano seguinte. (N. T.)

Heloísa; à educação no *Emílio*; e à política em *Do Contrato Social*. Ele invoca a causa do indivíduo contra a sociedade, do pobre contra o rico, e do povo contra as classes privilegiadas; a causa do amor contra a convenção, e da intuição e do sentimento religioso contra os filósofos e os libertinos.

É impossível exagerar os efeitos da doutrina de Rousseau sobre a sua geração. Ela entrou no mundo brilhante e artificial do Iluminismo como um vento caloroso vindo dos campos do oeste para um salão iluminado, apagando as velas e preenchendo o ar com o cheiro da terra úmida e da vegetação encharcada pela chuva. Não surpreende o fato de o velho Voltaire ter rangido os dentes de raiva com a audácia desse louco e charlatão, traidor da causa filosófica que dividiu as forças do progresso. Pois não foi mais para Voltaire e sim para Rousseau que a nova geração se voltou em busca de orientação e de inspiração. Ele era o pai espiritual dos criadores da nova era e a fonte daquele espírito de idealismo revolucionário que encontra expressão não só no liberalismo, mas também no socialismo e no anarquismo. Foi ele quem primeiro incendiou as mentes dos homens com o ideal da democracia não como um mero sistema de governo, mas como um novo modo de vida, uma visão da justiça social e da fraternidade que nada mais é do que o reino de Deus na Terra. É verdade que o próprio Rousseau não era um revolucionário na acepção usual do termo. A revolução que pregava não era política ou econômica, mas espiritual, e ele compreendeu por completo o perigo prático de qualquer perturbação súbita da ordem existente. Mas essas reservas cautelosas pouco fizeram para diminuir o efeito de sua tremenda denúncia da desigualdade e da injustiça da ordem social em vigor. Embora não fosse socialista, ele não simpatizava com os ideais da economia capitalista; e, embora admirasse a liberdade e a simplicidade da sociedade protestante suíça, denunciou seu espírito de individualismo burguês. "Vocês são comerciantes, mecânicos, burgueses, sempre ocupados com interesses privados, negócios e lucros", escreveu para os cidadãos de Genebra, "vocês são um povo para quem a liberdade em si é apenas um meio de aquisição sem risco, e de posse com segurança."[4]

A tendência antiburguesa e anticomercial também diferenciava o liberalismo de Rousseau daquele da Revolução *Whig*, que era mais baseado nos direitos da propriedade que nos Direitos do Homem, e daquele do Iluminismo, que era favorável ao capitalismo e encontrou seus apoiadores mais entusiasmados entre os financistas e suas esposas.[5] Rousseau, como Mably, era profundamente hostil aos apologistas da luxúria, como Mandeville e Voltaire, e aos representantes do liberalismo econômico, como Turgot e Adam Smith. Nisso, ele estava do lado não só dos críticos conservadores do Iluminismo, como Linguet e o Marquês de Mirabeau, mas ainda mais dos defensores da ortodoxia, como o *Abbé* Prigent e o *Père* Hyacinthe Gasquet, que sustentava a tradicional doutrina católica relativa à usura e aos direitos dos pobres. Como Groethuysen demonstrou com exemplos copiosos de padres e teólogos do século XVIII, a Igreja às vésperas da Revolução mantinha uma dura oposição à filosofia capitalista e à visão econômica da vida que já haviam triunfado na Inglaterra e na Holanda protestantes. Pois, por trás da guerra aberta do Iluminismo que acontecia no terreno da filosofia e da liberdade de pensamento, havia uma luta mais profunda e obscura sendo travada pelo espírito burguês não só contra a ordem tradicional, que limitava a liberdade comercial e amarrava a indústria às fronteiras estreitas das corporações ou guildas, mas também contra a tradição religiosa que idealizava a pobreza e condenava o espírito ganancioso e competitivo que era inseparável da nova sociedade comercial. Nessa batalha, Rousseau estava do lado dos reacionários, e sua denúncia da riqueza tinha as mesmas motivação e inspiração que as de Bourdaloue ou Croiset. Seu ideal econômico era o da distribuição

---

[4] *Cartas Escritas da Montanha*.

[5] Helvétius era ele próprio um financista, Madame D'Epinay era a mulher de um, e Madame Dupin era filha do grande banqueiro Samuel Bernard.

agrária da sociedade camponesa inspirada pelos ideais cristãos de caridade e ajuda mútua, e nada tinha em comum com o individualismo competitivo da sociedade capitalista ou com a organização industrial de massa do socialismo moderno. Tampouco esse ideal estava divorciado por completo da realidade da época, pois a questão do campesinato era o maior problema social de seu tempo, e a única forma possível de democracia era baseada na propriedade do camponês e em sua cidadania. A própria Revolução viria a demonstrar que nem a burguesia, nem o populacho urbano foram capazes de compreender o ideal de democracia republicana de Rousseau.

O próprio Rousseau, contudo, não tinha o desejo de aplicar seus princípios em um Estado grande e altamente centralizado, como a França do século XVIII. Ele acreditava que a igualdade política era inatingível a menos que as condições econômicas fossem favoráveis para a igualdade social, e que as instituições democráticas só eram adequadas a Estados pequenos cujos cidadãos pudessem participar diretamente da vida pública e do governo, como os cantões camponeses da Suíça ou as cidades-Estados da Antiguidade.

Mas, enquanto seus olhos estavam voltados para o passado, em direção a uma imagem idealizada de Esparta e Roma, um Estado democrático vinha efetivamente a existir no novo mundo, do outro lado do Atlântico, e aqui está uma analogia curiosa entre as abstrações filosóficas da teoria da democracia de Rousseau e as realidades históricas da democracia americana. Um século e meio antes que *Do Contrato Social* fosse escrito, o pequeno bando de exilados puritanos que aportou nas praias virgens da Nova Inglaterra assinou um verdadeiro Pacto Social, pelo qual eles se constituíram como um "corpo civil político" e prometeram obediência individual à vontade geral. Isso nada mais era do que uma reelaboração do princípio calvinista do pacto com a Igreja – "um Pacto visível, Acordo, ou consenso pelo qual eles se entregam juntos sob o Senhor para a observância dos ordenamentos de Cristo na mesma sociedade" –, princípio que inspirou todo o desenvolvimento da sociedade da Nova Inglaterra. Foi sobre essa base que a cidade – a unidade social primária – foi fundada, de tal modo que a Igreja, a escola e a assembleia municipal eram órgãos de uma comunidade espiritual que exercitava um controle estrito sobre a vida moral e econômica de seus membros. Essa teocracia democrática, com sua vigorosa disciplina moral e seu forte espírito comunitário, foi a força criativa por trás do desenvolvimento americano. É verdade, como James Truslow Adams insiste, que ela era estreita, intolerante e repressiva, e que excluía uma enorme porção da população da filiação à Igreja e dos direitos civis. Ainda assim, o ideal congregacional era essencialmente democrático, e o fato de basear a cidadania na filiação à Igreja, e a filiação à Igreja na conversão pessoal, deu a todo o sistema social um caráter unitário do tipo que jamais seria obtido com instituições puramente políticas. Isso significava que a sociedade não era uma ordem externa imposta sobre os indivíduos pela autoridade e pela tradição, mas uma comunidade espiritual na qual a filiação envolvia um ato pessoal de convicção e entrega de si. Esse princípio contratual ou "pactual"[6] de ordem social tem uma analogia óbvia com a teoria de Rousseau, levando-se em conta a diferença teológica entre o rígido calvinismo da Nova Inglaterra do século XVII e o protestantismo liberal dos cidadãos de Genebra no século XVIII. Porém, havia outro elemento na sociedade da Nova Inglaterra pelo qual ele teria

---

[6] "Tendo realizado para a Glória de Deus e o avanço da Fé Cristã e a honra de nossos Rei e pátria uma viagem para implantar a primeira colônia na porção Norte da Virgínia, [nós] por meio deste solenemente e mutuamente na presença de Deus e uns dos outros nos compactuamos e unimos em um corpo político civil, pelo nosso melhor ordenamento e preservação e para os fins supracitados; nos termos do presente estatuto promulgamos, constituímos e dispomos tais justas e corretas Leis, decretos, Atos, constituições e ofícios, de tempos em tempos, conforme se julgar o mais satisfatório e conveniente para o bem geral da colônia: para o que prometemos toda a devida submissão e obediência, em testemunho do que subscrevemos a seguir os nossos nomes, em Cape Cod, onze de novembro – d.C. 1620." (J. Bradford, *History of the Plymouth Plantation*. C. Deane (ed.), 1861, p. 89ff.)

menos simpatia. Por trás da colonização puritana nos Estados Unidos, estava o empreendedorismo econômico dos capitalistas puritanos que financiaram a empreitada. O governo de Massachusetts estava nas mãos de uma empresa de sociedade anônima, e foi a transferência de sua filial para a Nova Inglaterra, com a imigração de capitalistas como John Winthrop e Isaac Johnson, o cunhado do Conde de Lincoln, que assegurou a autossuficiência e a independência da nova colônia. Ainda assim, o capitalismo dos proprietários da Massachusetts Company, como, depois, aquele de William Penn na Pensilvânia, Lord Baltimore em Maryland e Oglethorpe na Geórgia, era mais inspirado por idealismo religioso que por interesse privado. Além do mais, embora a sociedade colonial fosse uma criação das mesmas forças religiosas e políticas que produziram a nova cultura burguesa comercial na Holanda e na Inglaterra, ela se desenvolveu em um ambiente muito diferente daquele da burguesia europeia. No lugar do velho mundo do privilégio social e da competição econômica, o colono americano se viu de volta ao estado da natureza – não a natureza idealizada dos sonhos de Rousseau, mas a realidade selvagem da floresta e da trilha da guerra e da faca de escalpelar. Os dois fatos fundamentais que condicionaram o desenvolvimento social americano foram as provisões ilimitadas e a terra desocupada, que fez de todo homem capacitado e livre um dono de terra em potencial, e o medo dos índios e da fome, que forçou a população fronteiriça (no começo, todos os assentamentos eram fronteiriços) a sacrificar seu individualismo natural à necessidade de cooperação e associação contra os perigos que a ameaçavam. Essas condições eram comuns à Nova Inglaterra e à Virgínia: diferiam quanto às estruturas sociais, entre a democracia escravagista dos anglicanos no sul, onde a unidade social era a *plantation* individual,[7] e a democracia congregacionista dos fazendeiros da Nova Inglaterra,

---

[7] A unidade institucional do sul era a paróquia, mas por causa da população dispersa das *plantations*, espalhada por milhas e milhas às margens dos rios, a paróquia sulista nunca teve a importância social da cidade da Nova Inglaterra.

onde a unidade social era a cidade com seus domínios comuns e espírito comunitário. Tais diferenças foram acentuadas no século XVIII em virtude do aumento da escravidão dos negros, que favoreceu o desenvolvimento de estados grandes e autossuficientes no sul e o alargamento das divisões de classe entre os agricultores aristocratas e a democracia de pequenos proprietários e ocupantes de terras. Por outro lado, durante o mesmo período, um desenvolvimento ocorria paralelamente na Nova Inglaterra em virtude do crescimento do capitalismo e se revelava tanto na especulação de terras quanto na ascensão de uma rica classe de comerciantes.

Assim, a primeira metade do século XVIII assistiu a um declínio da simplicidade e da igualdade que tinham marcado a sociedade colonial no século anterior. Os agricultores e comerciantes ricos do litoral foram influenciados pelos padrões europeus contemporâneos de vida e pensamento. As igrejas perderam o controle sobre a vida política, e o mundo fechado, ordenado e teocrático da sociedade puritana se desintegrou sob a pressão da mudança econômica e da secularização crescente da cultura. Ainda assim, a influência do litoral era compensada pela da fronteira, a qual reproduzia e até acentuava as condições primitivas dos primeiros assentamentos, de tal forma que cada ampliação da área dos assentamentos revigorava os elementos democráticos da população. Ademais, sob a superfície, a tradição puritana ainda conservava o poder e a vitalidade, como se vê no Grande Despertar de 1740 e no desenvolvimento da atividade sectária que se seguiu. Foi no século XVIII que o puritanismo americano produziu seu maior professor religioso, Jonathan Edwards; e, por volta da mesma época, o diário e os escritos do quacre John Woolman (1720-1772) mostraram que a religião do povo possui, às vezes, uma variante do idealismo social não menos elevada e até mesmo mais profunda que a do Iluminismo liberal. Woolman denunciou a injustiça social e a corrupção com não menos força que Rousseau, porém, em vez de se restringir às generalidades, passou a vida trabalhando contra as iniquidades da escravidão e do espírito ambicioso, características da nova sociedade burguesa.

Contudo, a despeito da contínua vitalidade da tradição religiosa entre o povo, a cultura das classes alta e média foi afetada pelo mesmo movimento de Iluminismo racional que triunfava na Europa ocidental. O maior representante desse Iluminismo americano foi o editor e jornalista bostoniano Benjamin Franklin, que se estabeleceu na Pensilvânia em 1727 e aos poucos construiu uma reputação intercolonial e internacional como cientista, político e moralista. Seu bom senso, seu espírito prático, suas engenhosidade e parcimônia, sua filantropia e seu otimismo moral fizeram dele um exemplo de todas as virtudes burguesas, e ele possuía, ao mesmo tempo, simplicidade democrática e *bonhomie* que atraíam os discípulos de Rousseau e os líderes da opinião iluminista na França.[8] Portanto, para o mundo europeu, Franklin tornou-se uma figura representativa que incorporava o novo ideal democrático de uma humanidade livre das amarras do privilégio e da tradição, que não reconhecia nenhuma lei além daquelas da natureza e da razão; nos Estados Unidos ele não foi menos importante ao marcar a ascensão de uma nova cultura nacional que transcendia as limitações provincianas e sectárias do período anterior.

Era inevitável que esse crescimento da consciência nacional também encontrasse expressão política. Todavia, o projeto de Franklin para a criação de uma união colonial sob a Coroa em 1754 fracassou ao não superar o espírito de separação e o provincianismo, e uma base para a união só seria encontrada na oposição comum das diferentes colônias às tendências centralizadoras da Coroa e do Parlamento britânico. A destruição do império francês na América do Norte durante a Guerra dos Sete Anos ao menos livrou as colônias de

---

[8] John Adams escreveu que "se uma compilação pudesse ser feita de todos os jornais da Europa da segunda metade do século XVIII, um número maior de parágrafos panegíricos sobre '*le grand* Franklin' apareceria, acredita-se, do que sobre qualquer outro homem que já viveu".

sua dependência do apoio militar britânico e as fez mais conscientes do que nunca de sua dependência política e econômica da pátria-mãe. Além disso, justo no momento em que uma revisão das relações imperiais se tornou inevitável, George III ficou mais e mais envolvido em um conflito político com os *whigs* e retomou a tradicional aliança da Coroa com os tóris. A oposição colonial entendeu que isso representava não apenas os interesses locais, mas também os princípios constitucionais dos *whigs* e as tradições da Revolução Inglesa. A filosofia política de Sidney e Locke forneceu uma plataforma comum na qual os representantes do Iluminismo americano, como Franklin e Jefferson, puderam se unir aos líderes da democracia puritana da Nova Inglaterra, como Samuel Adams, da mesma forma como os aristocratas *whigs* haviam se aliado à burguesia protestante em 1688.

Enquanto a estrutura social da sociedade inglesa acusou preponderância aos interesses aristocrático-fundiários no acordo com os *whigs*, o fator decisivo na situação americana foi o fortalecimento do elemento popular, o qual deu à luta um caráter democrático. Na Nova Inglaterra, especialmente, não foram os comerciantes ricos ou mesmo os fazendeiros emancipados que iniciaram o movimento revolucionário; foi o populacho não emancipado, organizado em sociedades secretas, como a dos Filhos da Liberdade, que dominou as reuniões nas cidades e intimidou os comerciantes e legalistas por meio de tumulto e terrorismo. A hostilidade popular ao governo britânico foi a causa principal do sucesso da Revolução, e essa hostilidade se devia mais a causas econômicas e sociais que a questões constitucionais que capturavam a atenção de advogados e políticos. Westminster ficava bem longe de Boston, e a atitude do homem comum para com o governo britânico foi determinada por sua aversão ao coletor de impostos e ao informante. E também os homens do oeste se ressentiram com o fechamento da fronteira para assentamentos e viram a autoridade da Coroa como um poder sinistro em conluio com proprietários e especuladores de terras que, com frequência, contestavam as escrituras das terras que eles tinham conquistado dos selvagens. Por fim, a influência religiosa da tradição puritana e não conformista deu aos habitantes da Nova Inglaterra e aos sulistas presbiterianos um sentimento de independência e alienação espiritual da monarquia anglicana, que havia perseguido seus ancestrais e da qual tinham escapado para fundar uma nova "Commonwealth da Bíblia" baseada na pura palavra de Deus.[9]

É verdade que, assim que o movimento de revolta se tornou politicamente consciente de si, a liderança foi inevitavelmente tomada por elementos não democráticos, advogados, políticos e homens de riqueza e posição, como Washington e Lee. Contudo, a força motriz por trás do movimento era democrática, e mesmo entre os líderes havia representantes do Iluminismo, como Franklin na Pensilvânia e Jefferson na Virgínia, por meio dos quais os princípios democráticos implícitos na Revolução Americana finalmente receberam sua formulação clássica na Declaração de Independência. Pois a evolução da própria controvérsia havia forçado os advogados e políticos a abandonar o terreno estreito do precedente constitucional e recair nos dogmas fundamentais da nova religião. "Os direitos sagrados da humanidade", escreveu Hamilton, "não devem ser vasculhados em velhos pergaminhos ou registros bolorentos. Eles estão escritos, como com um raio de sol, em todo o volume da natureza humana pela própria mão da Divindade, e não podem jamais ser apagados ou ocultados."

Mas não foi nos escritos de Hamilton ou de Jefferson que um apelo aos princípios últimos da democracia encontrou sua expressão mais cristalina. Foi o inglês Thomas Paine, um obscuro coletor de impostos que recentemente aportara nos Estados Unidos com uma carta de recomendação de Franklin, quem afinal levou as confusas aspirações democráticas do povo americano à plena consciência de

---

[9] A importância dessa motivação religiosa é ilustrada pelo fato de o anglicanismo nas colônias do norte ser quase totalmente legalista, ao passo que, mesmo na Virgínia, um ataque à posição da igreja estabelecida, liderado pelo presbiteriano Patrick Henry, precedeu a batalha constitucional.

seus anseios revolucionários. Em *Senso Comum*, seu célebre panfleto, ele impacientemente varre para o lado as questões legais e constitucionais e faz um apelo, com retórica inflamada, pela liberação da humanidade e a criação de um novo mundo:

> Vós que amais a humanidade [ele escreve], vós que ousais opor-vos não só à tirania, mas ao tirano, avançai; cada ponto do velho mundo é vencido pela opressão. A liberdade tem sido caçada por todo o globo. Ásia, África há muito que a expulsaram. A Europa a considera uma estranha, e a Inglaterra lhe deu o aviso para partir. Oh, recebam a fugitiva, e preparem a tempo uma casa de descanso para a humanidade.
>
> (...) Está em nosso poder começar o mundo outra vez. Uma situação similar à presente não acontece desde os dias de Noé até agora. O dia do nascimento de um novo mundo está à mão, e uma raça de homens talvez tão numerosa quanto a que toda a Europa contém está para receber sua parcela de liberdade do evento de uns poucos meses. A reflexão é terrível – e nesse ponto, quão triviais, quão ridículas parecem as cavilações mesquinhas de uns poucos homens fracos ou interesseiros, quando sopesadas contra os empreendimentos de um mundo.[10]

Nesse panfleto encontramos, acredito que pela primeira vez, dois elementos que se tornariam característicos do movimento revolucionário no futuro. O primeiro era a concepção de revolução política como parte de uma mudança universal e quase cósmica que transcende, e muito, as circunstâncias locais e históricas de qualquer Estado particular.[11] O outro, intimamente relacionado com o primeiro, era a nota de idealismo messiânico, que ansiava por um milênio social e

---

[10] *Senso Comum*. 2. ed., 1776, p. 58-59.

[11] "O que outrora chamávamos de Revoluções", escreveu Paine quinze anos depois, "era pouco mais que uma mudança de pessoas, ou uma alteração das circunstâncias locais. Elas ascenderam e caíram como acontecimentos, é claro, e nada tiveram em sua existência ou em seu destino que pudesse influenciar além do local que as produziu. Mas o que vemos agora no mundo, a partir das Revoluções da América e da França, é uma renovação da ordem natural das coisas, um sistema de princípios tão universal quanto a verdade e

pelo nascimento de uma nova humanidade. Nenhum desses elementos foi de qualquer importância na história pregressa da Revolução Inglesa de 1688 ou do Iluminismo francês. Eles tinham suas raízes nas tendências revolucionárias e apocalípticas da Reforma Protestante entre os anabatistas e as seitas milenaristas, e é a união desses elementos com o racionalismo e o naturalismo do Iluminismo, concretizada primeiro por Thomas Paine, que marca a emergência definitiva do moderno credo revolucionário. Graças à influência de Paine, de Jefferson e Franklin, a causa americana foi identificada aos olhos do mundo com esse idealismo revolucionário, e o conflito se transformou de uma querela local concernente à taxação e aos direitos coloniais em uma cruzada pelos direitos do homem e a causa da humanidade.

Em nenhum lugar isso encontrou aceitação mais incondicional do que na França, onde o terreno havia sido preparado pelo trabalho de Rousseau e do Iluminismo, e onde a causa da independência americana teve a suprema boa sorte de ter um representante de gênio como Benjamin Franklin. Conforme já apontado, Franklin possuía aquela justa combinação de cultura cosmopolita com originalidade pessoal e o sabor exótico da democracia americana que atraía o liberalismo romântico da época de Luís XVI, e suas relações com filósofos e fisiocratas e franco-maçons fizeram com que o admitissem no círculo mais restrito da sociedade aristocrática francesa. Ele dissimulava a astúcia e a *finesse* de um diplomata nato sob a figura mítica da virtude patriarcal e da simplicidade democrática, de tal forma que era capaz de direcionar o idealismo vago do liberalismo filosófico para fins políticos concretos. Desse modo, a *intelligentsia* francesa veio a enxergar nos Estados Unidos a realização do ideal de Rousseau de um Estado e de uma ordem social baseados em princípios naturais e inspirados por um espírito de fraternidade e igualdade. Eles esqueceram as

---

a existência do homem, e combinando moral com felicidade política e prosperidade nacional."

intimidações, os alcatroamentos e emplumações e a proscrição impiedosa de minorias em nome de que a democracia da Nova Inglaterra havia justificado os direitos do homem. Eles esqueceram que a cultura liberal e a vida espaçosa em Monticello e Mount Vernon[12] só eram possíveis pela existência da escravidão dos negros. Eles viam apenas o idealismo generoso de Jefferson, a virtude republicana de Washington e a sabedoria tranquila de Franklin.

Assim, o mito da Revolução Americana adquiriu um formato definitivo na França muito antes de os próprios Estados Unidos adquirirem uma forma política, e exerceu uma influência muito mais forte do que estes últimos na opinião pública e no desenvolvimento dos ideais democráticos na França. Aos olhos de Turgot e Mably e Reynal, de Brissot e Condorcet e Lafayette, os Estados Unidos deviam sua importância não ao que de fato eram, mas àquilo que poderiam se tornar, e ainda mais ao que a humanidade poderia se tornar ao seguir seu exemplo. Disse Paine:

> O que Arquimedes disse das forças mecânicas deve ser aplicado à Razão e à Liberdade. "Dê-me", disse ele, "um ponto de apoio e eu moverei o mundo." A Revolução Americana fez na política o que era apenas teoria na mecânica. Tão profundamente enraizados eram todos os governos do Velho Mundo e tão efetivamente haviam a tirania e a antiguidade do hábito se estabelecido na mente que nenhum começo poderia se dar na Ásia, África ou Europa para reformar a constituição política do homem. (...)
>
> Mas tal é a natureza irresistível da Verdade que tudo o que ela pede e tudo o que ela quer é a liberdade de aparecer. O sol não precisa de nenhuma inscrição para se distinguir da escuridão; e tão cedo os governos americanos se mostraram ao mundo, o despotismo sentiu um choque e o homem principiou a contemplar a reparação.

---

[12] Monticello era o palácio-sede da propriedade de Thomas Jefferson nas proximidades de Charlottesville, na Virgínia. Mount Vernon era a residência igualmente imponente de George Washington, perto de Alexandria, também na Virgínia. (N. T.)

PARTE II

A Revolução Francesa

Capítulo 4 | Os Direitos do Homem

Na vitória da Revolução Americana, os liberais europeus viram a justificação de seus ideais e a realização de suas esperanças. Ela virou o curso do Iluminismo para uma direção política e infundiu um propósito revolucionário no idealismo democrático de Rousseau. Os jovens nobres, como Lafayette, que retornaram dos Estados Unidos com o prestígio de heróis e apóstolos, e os jovens burgueses, como Brissot de Warville, que olhavam para esse país como a terra prometida da liberdade e da virtude democrática, tornaram-se o centro de um novo movimento patriótico que reivindicava uma reforma do governo francês baseada nos princípios democráticos dos direitos do homem e da plena cidadania.

Contudo, a oposição ao *Ancien Régime* e a reivindicação de uma profunda reforma no governo francês não eram, de forma alguma, restritas a esse grupo de jovens idealistas. Como Tocqueville salientou, as críticas mais duras à velha ordem são encontradas nos preâmbulos dos decretos dos ministros de Luís XVI, como Turgot, Necker e Brienne, e mesmo antes de se pensar em Revolução o próprio governo real tinha realizado mudanças revolucionárias, como a abolição dos *Parlements*, dos jesuítas e das guildas, o que afetou profundamente a vida social e econômica do país. Desde meados do século XVIII, o governo estava nas mãos de amigos dos filósofos, como Choiseul e Turgot e Malesherbes, e era influenciado por seus ideais. Mas os filósofos não foram os únicos responsáveis pela mudança de espírito do *Ancien*

Régime; ainda mais importantes foram os economistas, discípulos de Quesnay[1] e Gournay,[2] pois não eram irresponsáveis homens de letras, mas administradores e estadistas sérios e bons servidores do rei. Mesmo assim, rivalizavam com os filósofos em seu desprezo pelo barbarismo gótico do *Ancien Régime* e na fé ilimitada na transformação imediata da sociedade pela reforma radical.[3]

Nenhum soberano do século XVIII era mais consciente ou bem-intencionado do que Luís XVI, nenhum governante europeu tinha ministros e funcionários melhores ou mais inteligentes, como Turgot e Vergennes, Malesherbes e Necker, Pierre du Pont de Nemours e Sénac de Meilhan. Contudo, suas energias reformadoras foram desperdiçadas em uma série de falsos começos, cada um dos quais ajudando a desacreditar o governo e levando o *Ancien Régime* à beira da ruína. O que faltava não eram boas intenções, nem inteligência e tampouco riqueza (pois a nação nunca fora tão próspera quanto no reinado de Luís XVI). Mas tudo isso era em vão dada a ausência da vontade e da energia necessárias para superar os obstáculos que estavam no caminho da reforma. Nos dias de Luís XIV e Colbert, a França era o Estado mais poderoso, eficiente e bem organizado da Europa, mas o próprio sucesso de seu trabalho foi a causa da ruína. O edifício incoerente da constituição inglesa dos Tudor podia ser restaurado ou alterado de acordo com as necessidades de cada geração, mas a estrutura clássica do absolutismo francês não admitia adições e alterações. O sistema inteiro era centrado na pessoa do monarca, e se faltassem ao rei a vontade e o poder de governar, o sistema parava de funcionar.

---

[1] Quesnay, 1694-1774, médico particular de Mme. de Pompadour.

[2] Gournay, 1712-59, membro da Câmara de Comércio e tradutor. Ele foi o autor da famosa frase *"laissez faire: laissez passer"* ("deixe fazer, deixe passar").

[3] Assim o velho Mirabeau escreveu que só era necessário que doze princípios, expressos em doze linhas, fossem firmemente fixados na cabeça do príncipe ou de seu ministro e executados em detalhe para que tudo se resolvesse e a era de Salomão fosse renovada.

Luís XVI começara seu reinado desfazendo uma das conquistas mais importantes de seu predecessor – a abolição dos *Parlements* e a reforma do atulhado e antiquado sistema judicial –, tornando, assim, a tarefa de efetuar reformas futuras quase impossível. Pois o principal obstáculo à reforma financeira eram as classes privilegiadas, que encontraram um ponto de mobilização e um centro de organização na classe hereditária dos magistrados que compunham os *Parlements*. Todas as medidas de reforma administrativa ou política ganhavam oposição dos *Parlements* em um espírito de conservadorismo cego que despertou a fúria de Voltaire. No entanto, eles estavam sempre prontos para justificar sua oposição em nome da liberdade e dos direitos do indivíduo, de tal forma que, por um lado, atraíam a nobreza como defensores dos privilégios, e, por outro, atraíam os advogados e a burguesia como defensores do direito constitucional. Essa mesma classe que ficou no caminho da reforma foi a mais barulhenta em suas críticas ao governo e fez mais do que os desprivilegiados e oprimidos para levar à Revolução. Dificilmente é um exagero afirmar que, se não houvesse *Parlement*, não haveria crise financeira; não havendo crise financeira, não haveria Estados Gerais; e não havendo Estados Gerais, não teria havido Revolução. O *Ancien Régime* foi destruído pelos advogados que deviam a própria existência ao seu poder e a riqueza aos seus abusos.

Havia, contudo, causas sociológicas mais profundas em curso, em comparação com as quais o conflito entre governo e advogados afundou na insignificância. Ao mesmo tempo que a crítica revolucionária do Iluminismo tinha minado os fundamentos religiosos da ordem tradicional, as bases funcionais estavam sendo destruídas pela mudança econômica. O novo sistema financeiro e a nova economia capitalista eram irreconciliáveis com os princípios hierárquicos e autoritários do *Ancien Régime*. A nobreza não era mais a liderança natural da nação, e seus privilégios eram recompensas pelos serviços prestados ao Estado, como ainda era o caso da casta prussiana de oficiais. Ela preservara seu espírito de classe e seus privilégios feudais, embora tivesse perdido o controle sobre a administração local e a agricultura, controle que dera à aristocracia inglesa seu poder e seu prestígio social. Ela se tornara apenas uma classe rica e ociosa, cuja principal função social era proporcionar um cenário brilhante e expressivo para a corte real. Porém, desde que o pesado grupo barroco de Versalhes não estava mais na moda, até mesmo essa função havia se tornado uma sinecura e, aos olhos da opinião pública, os nobres eram como parasitas sociais que sugavam a força vital do campesinato e se dependuravam nos recursos de um Estado desacreditado e corrupto. Acima de tudo, eles haviam perdido a fé em si mesmos. Com a exceção de uns poucos excêntricos, como o Marquês de Mirabeau e a velha guarda de católicos zelosos, que perderam seus líderes com a dissolução dos jesuítas e a morte do filho mais velho e da devota esposa de Luís XV, os nobres estavam na vanguarda do movimento iluminista. Eles ridicularizavam a barbárie gótica da velha ordem. Eles aplaudiam a propaganda anticlerical dos filósofos, os sentimentos democráticos de Rousseau e Beaumarchais e a sátira mordaz de Chamfort. Como Ségur escreveu em uma passagem citada com frequência, "eles caminharam suavemente em um carpete de flores rumo ao abismo". E quando veio o desastre, alguns dos mais hábeis e exaltados entre eles – Talleyrand, bispo de Autun, Hérault de Séchelles, o Conde de Saint-Simone e até mesmo Filipe de Orléans, o primeiro na linhagem dos príncipes – estavam do lado da Revolução e ajudaram no trabalho de destruição. Foi apenas nas províncias mais remotas, onde a nobreza havia preservado as relações tradicionais com a terra e os camponeses, e onde a influência do Iluminismo era inexistente, que eles erguessem uma resistência formidável ao progresso da Revolução. Em todos os outros lugares, a aristocracia mais orgulhosa e antiga da Europa, que tinha raízes profundas na História, caiu feito uma árvore podre com o primeiro raio da tempestade e renunciou aos seus direitos e privilégios quase sem lutar.

O triunfo da burguesia sobre a nobreza tornou-se quase inevitável com as mudanças econômicas dos cem anos anteriores. Como viu Barnave, o mais lúcido dos liberais, o desenvolvimento do capital comercial e industrial mudou a balança de poder da nobreza para a burguesia, e, embora o desenvolvimento industrial da França tenha sido menos intenso que o da Inglaterra, o século XVIII testemunhou um crescimento enorme da prosperidade da classe média, sobretudo em grandes portos como Bordeaux e Nantes, e um aumento significativo do investimento de capital, o qual já havia feito da classe francesa dos *rentiers* um poder social tão considerável que Rivarol pôde afirmar que foram os *rentiers* que fizeram a Revolução. Entretanto, era uma classe sem poder político direto e nenhum status social reconhecido; sua existência era inconsistente com a estrutura corporativa funcional da velha ordem, a qual, em teoria, rejeitava o princípio em questão como usurário e antissocial. Essa atitude não foi desprovida de consequências práticas, pois já em 1762 economistas afirmavam que um terço dos capitalistas na França não ousou investir seu dinheiro de forma rentável por causa disso.[4] A nova classe capitalista se ressentia das ideias antiquadas e dos métodos pouco favoráveis aos negócios de um governo de nobres e padres. Ela exigia uma reforma financeira que restaurasse o crédito público e removesse o perigo de insolvência dos empréstimos governamentais.

A chegada de Necker ao poder em 1781 parecia, enfim, ter dado a essa classe exatamente o que ela queria. Pois Necker era a própria personificação da nova cultura burguesa e do poder das finanças internacionais – um banqueiro suíço protestante que fez fortuna com especulações bem-sucedidas. Mas, embora a administração Necker tenha enriquecido os financistas, ela falhou em resolver o problema financeiro. Na verdade, quanto mais ele aplicava métodos capitalistas

---

[4] *La Theorie de l'Intéret de l'Argent*, p. 180, citado por Groethuysen, *Origine de l'Espirit Bourgeois em France*, I, p. 272. Dizem que os autores da obra foram Goutte e Turgot.

às finanças do governo, mais agudos se tornavam os conflitos entre os interesses do capital e os princípios do *Ancien Régime*. E assim a burguesia foi levada por seus interesses e ideais a exigir as reformas políticas e sociais que lhe dariam o controle da tributação e um quinhão do governo do país. "O que deve ser o Terceiro Estado?", perguntou o *Abbé* Sieyès. "Tudo. O que ele é? Nada. O que ele reivindica? Ser alguma coisa."

O que a burguesia não percebeu foi que ela própria era uma ordem privilegiada, e que os advogados e homens de letras que representavam o Terceiro Estado na Assembleia Nacional tinham muito mais em comum com a *noblesse de robe* ou com os funcionários do que com as massas desprivilegiadas – o povo de verdade –, que pertenciam a um mundo diferente.

Pois os camponeses e trabalhadores franceses não foram ensinados, como os ingleses, a respeitar os proprietários de terras e empregadores. Sempre foi a política do governo francês apartar o povo das classes privilegiadas e manter um controle direto sobre ele por meio do intendente e do *curé*.[5] As pessoas levavam a vida nas comunas e guildas e procuravam orientação não junto dos nobres e comerciantes ricos, mas nas fontes supremas de toda autoridade – o rei e a Igreja. Logo, embora tivessem pouca consciência de classe no sentido moderno, elas detinham uma forte consciência nacional que até então encontrava expressão em sua lealdade ao rei e na devoção à Igreja. Agora, no entanto, tudo conspirava para abalar sua confiança e perturbar sua fé. Mesmo antes da morte de Luís XIV, elas viram os poderes mais elevados em guerra entre si: jansenistas e jesuítas, Igreja e *Parlements*, governo e magistrados; e, mais recentemente, a contínua sucessão de reformas e contrarreformas, como a abolição e o restabelecimento das corporações de ofício e as alterações na lei

---

[5] O intendente era um agente do rei e, como tal, cobrava tributos e detinha poderes policiais. *Curé* é "pároco", "padre" ou "vigário". (N. T.)

sobre o milho, aliadas às mudanças econômicas que provocaram aumento de preços e crises periódicas de desemprego e falta de comida, causou uma sensação crescente de insegurança e descontentamento. Então, sobrevieram as desordens e agitações revolucionárias nos dois anos anteriores, os rumores sinistros de traição nos altos escalões e, por fim, o apelo do rei à nação para a convocação dos Estados Gerais e os formulários de eleição extraordinariamente democráticos, que excederam as reivindicações dos próprios reformistas.

Todos esses fatores se juntaram para inflamar o sentimento popular de uma forma que não acontecia desde os dias da Liga. As profundezas foram movidas. Por trás dos aristocratas liberais e advogados que formavam a maioria dos Estados Gerais, havia o vasto poder anônimo que fizera a monarquia e fora, em troca, moldado por ela, e que agora estava prestes a fazer a Revolução. Para os idealistas liberais – homens como Lafayette e Clermont-Tonnerre e até o *Abbé* Fauchet e os oradores girondinos –, a Revolução significava a realização dos ideais do Iluminismo, liberdade e tolerância, os direitos do homem e a religião da humanidade. Eles não perceberam que se encontravam à beira de um precipício e que o mundo que conheciam estava prestes a ser engolido por uma tempestade de mudança que destruiria tanto eles quanto seus ideais. "Ai daqueles que desejam o dia de Iahweh. Ele será trevas e não luz. Como alguém que foge de um leão, e um urso cai sobre ele! Ou que entra em casa, coloca a mão na parede e a serpente o morde";[6] eles eram uma geração condenada, fadada a perecer a princípio aos poucos, e depois às centenas e aos milhares, no patíbulo, nas ruas e nos campos de batalha. Pois à medida que avançou, a Revolução revelou aos poucos a crua realidade que vinha sendo encoberta pelos adornos antiquados da realeza e da tradição – a Vontade Geral –, e não foi a abstração benevolente que os

---

[6] A citação é de *Amós* 5,18-19. Dawson omite uma frase, a segunda do versículo 18: "Para que vos servirá o dia de Iahweh?". (N. T.)

discípulos de Rousseau haviam adorado, mas uma feroz sede de poder que destruiu cada homem e cada instituição que encontrou pelo caminho. Como escreveu Maistre, a vontade do povo era um aríete com 20 milhões de homens por trás.

Mesmo assim, seria um erro enorme ignorar ou minimizar a importância do fator intelectual na Revolução, como fizeram muitos historiadores modernos em reação às concepções idealistas de Louis Blanc e Lamartine e Michelet. Se fôssemos negar a influência do liberalismo na Revolução Francesa, teríamos de negar a influência do comunismo na Revolução Russa. Na verdade, a movimentação de ideias foi mais ampla e profunda na França do que na Rússia, e teve uma influência bem maior no curso dos eventos. No próprio palco da Revolução, da Assembleia dos Notáveis em 1787 à queda de Robespierre em 1794, a batalha das ideias decidiu o destino de partidos e estadistas, e teve lugar não só na Assembleia Nacional e nas reuniões dos clubes e distritos, mas na imprensa, nas ruas e nos cafés.

Arthur Young, que veio de seu vilarejo em Suffolk para o tumulto e o alvoroço da Paris revolucionária como um visitante de outro mundo, descreveu uma imagem inesquecível da intensa agitação que tomava as livrarias e os cafés do Palais-Royal, com multidões fervilhando dia e noite durante aquele início de verão em 1789, e ficou espantado com a insensatez do governo em permitir essa ilimitada liberdade de opinião sem fazer nada para contê-la pelo uso da publicidade e da propaganda. A verdade era que o governo tinha de lidar não com a oposição de um partido, mas com um imenso movimento de idealismo social cuja natureza era a de um renascimento religioso. Como vimos nos escritos de Paine e Franklin, era de fato uma religião, com um corpo de dogmas definido, embora simples, que aspirava tomar o lugar do cristianismo como o credo da nova era.

Tampouco essa nova unidade religiosa era puramente ideal. Ela já possuía hierarquia e organização eclesiásticas na Ordem dos Franco-Maçons, que atingiu o clímax de seu desenvolvimento nas duas décadas que precederam a Revolução. O espírito da franco-maçonaria no século XVIII era bem diferente do anticlericalismo da moderna Grande Oriente ou do espírito conservador e pragmático da maçonaria inglesa. Ele era inspirado por um entusiasmo quase místico pela causa da humanidade, que frequentemente assumia formas fantásticas, sobretudo na Alemanha, onde tendeu a se perder no Iluminismo[7] e na teosofia. Na França, contudo, a influência de Franklin e da Loja das Nove Irmãs inspirou o movimento com uma simpatia calorosa pela causa da liberdade e da reforma política, que encontrou expressão na fundação de sociedades, como a Société des Amis des Noirs e o Constitutional Club, os quais estavam sob influência maçônica, embora fossem diretamente políticos em seus objetivos.[8] No começo da Revolução, a influência da maçonaria permeou as classes dominantes, da família real até a burguesia, e mesmo o exército e a Igreja não foram exceções. Até onde essa influência contribuiu para a Revolução é, contudo, uma questão bastante controversa. A principal figura da maçonaria francesa, Filipe, Duque de Orléans, foi o centro de uma rede subterrânea de agitação e intriga que nunca foi desvendada, e ele era por certo inescrupuloso o bastante para usar sua posição como líder da Grande Oriente para promover seus esquemas, enquanto possível. O que é mais claro, e também mais honroso, é o papel da maçonaria na geração do otimismo revolucionário que inspirou o partido aristocrático da reforma na Assembleia Nacional.

---

[7] No original, "illuminism". Pelo contexto, não fica claro se Dawson se refere à influência iluminista como um todo na Alemanha ou, especificamente, à Ordem dos *Illuminati* da Baviera, sociedade secreta fundada por Adam Weishaupt em 1776, de teor agressivamente anticlerical e que visava divulgar os ideais iluministas, inclusive se infiltrando na maçonaria tradicional. (N. T.)

[8] O Constitutional Club foi fundado por Brissot, um membro das Nove Irmãs, e incluía Mirabeau, Sieyès, Pétion e Hérault de Séchelles. A Société incluía Mirabeau, Lafayette e Condorcet, bem como líderes da oposição parlamentar, como Espremenil e Dupont, ambos maçons. Cf. Lavisse, *Histoire de France I*, IX, i, p. 307.

Homens como Lafayette, o Visconde de Noailles, o Duque de La Rochefoucauld, o Duque de Liancourt e os dois Lameth viram na nova Revolução o cumprimento da gloriosa promessa da Revolução Americana. Para eles, sobretudo para Lafayette, a essência da Revolução não seria encontrada na reforma financeira ou mesmo constitucional, mas na Declaração dos Direitos do Homem, que marcaria uma nova era na história da humanidade. Como Paine, que escrevia como porta-voz de Lafayette para o mundo de língua inglesa, eles sentiram que

> Na Declaração dos Direitos, nós vemos o espetáculo solene e majestoso de uma nação manifestando sua autorização, sob os auspícios de seu Criador, para o estabelecimento de um governo, um cenário tão novo e tão transcendentemente sem paralelos no mundo europeu que a designação de Revolução é insuficiente para expressar seu caráter, que se ergue até a regeneração do homem;[9] (...) governo fundado numa *teoria moral, num sistema de paz universal e nos inalienáveis direitos hereditários do homem* move-se atualmente do Ocidente ao Oriente mediante um impulso mais intenso do que o governo da espada se movia do Oriente para o Ocidente. Seu progresso não interessa a indivíduos determinados, mas a nações, e promete uma nova era à espécie humana.[10]

Portanto, a Revolução Francesa se encaixa como parte integrante de uma revolução mundial que iria restituir à humanidade os direitos originais dos quais foi roubada, logo na aurora da História, pela tirania de reis e padres. "Esse papismo político, assim como o papismo eclesiástico de outrora, já está ultrapassado e ruma rapidamente para seu desfecho. A relíquia desgastada e o precedente antiquado, o monge e o monarca, apodrecerão juntos."[11],[12]

---

[9] *Direitos do Homem*, vol. I, p. 99 (ed. Everman). O interesse de Lafayette na obra de Paine fica explícito em sua carta a Washington (*Mémoires*, II).

[10] *Direitos do Homem*, Parte II (Introdução).

[11] Ibidem, Parte IV.

[12] Para as citações de Paine neste parágrafo e no anterior, usei a edição brasileira *Senso Comum / Os Direitos do Homem*. Porto Alegre, L&PM Editores,

Essa é a mesma fé que inspirou as especulações da maçonaria no século XVIII e que se expressa de forma mística nas primeiras profecias de William Blake. A Declaração dos Direitos do Homem a transformou na crença oficial da Revolução Francesa e deu àqueles política e economicamente descontentes do povo francês uma base filosófica, ou melhor, teológica, na qual uma nova ordem social poderia ser fundada.

Foi esse pano de fundo ideológico que deu à Revolução Francesa sua força espiritual e sua significância internacional. Sem isso, a Revolução não seria nada além de uma nova Fronda. Com isso, ela mudou o mundo.

Os homens que tanto fizeram para trazer o novo evangelho dos *coulisses*[13] dos salões e das lojas maçônicas para o palco da história não faziam ideia de onde seus ideais os levariam. Suas ilusões generosas os cegaram para os perigos do caminho, e eles acharam que a Revolução estava completa quando mal havia começado. Mas ainda assim tiveram papel importante no drama revolucionário. Lafayette, "o herói de dois mundos", em seu cavalo branco, posando como um Washington francês, parece uma figura absurda ou patética (o neto de Cromwell, como disse Mirabeau) em comparação com os homens que fariam história, como Mirabeau, Danton e Bonaparte. No entanto, se não fosse por Lafayette, esses outros talvez jamais tivessem a chance de fazer a sua parte. Para a burguesia francesa, nos primeiros anos da Revolução, Mirabeau e Danton pareciam figuras sinistras que estavam prontas para assumir o papel de um Catilina ou um Clódio.[14] E, assim como a burguesia não confiava em Mirabeau, ele também

---

2009. (N. T.)

[13] Em francês, no original: "bastidores". (N. T.)

[14] Lúcio Sérgio Catilina (108-62 a.C.), militar e senador romano, famoso por tentar trazer abaixo a República e a oligarquia senatorial de então. Públio Clódio Pulcro (93-52 a.C.), outro político romano, foi tribuno da plebe e ficou célebre por suas práticas e discursos populistas. (N. T.)

não confiava no povo. Ele compreendeu o significado da Revolução e o significado da autoridade, mas não se importou com as abstrações metafísicas da Declaração dos Direitos do Homem ou com os princípios morais que inspiraram tanto o idealismo liberal de reformadores moderados quanto o fanatismo puritano de Robespierre e Saint-Just. Lafayette, por sua vez, era uma pessoa absolutamente respeitável, um homem de caráter altivo e princípios elevados, um bom liberal e um bom deísta, mas não um inimigo da propriedade e da religião. Portanto, a burguesia estava pronta para se pôr em marcha atrás de seu famoso cavalo branco, em defesa da causa do liberalismo e contra as forças da desordem e as forças da reação.

Não fosse por isso, a revolta da Comuna em julho de 1789 talvez tivesse terminado em uma explosão prematura que arruinaria a causa da Revolução, pois a França não estava pronta para a democracia, e os elementos moderados na Assembleia, que formavam a grande maioria, viram o trabalho do que Lafayette chamou de "as cabalas infernais" da facção orleanista por trás da violência da multidão. A ação de Lafayette e Bailly, contudo, aproximou a nascente democracia revolucionária de Paris e o liberalismo burguês da Assembleia Nacional. A chave da Bastilha foi oferecida por Lafayette a Washington por meio de Tom Paine, e sua tomada passou de um ato de violência iníqua a um símbolo glorioso do triunfo da liberdade nacional sobre o despotismo feudal. Da mesma forma, nos meses seguintes, quando a revolta dos camponeses contra o feudalismo e a guerra social ameaçaram mergulhar o país em um conflito que teria unido os ricos contra os pobres, a situação foi salva pelo idealismo dos aristocratas liberais liderados pelo cunhado de Lafayette, Visconde de Noailles, que renunciou espontaneamente aos seus direitos feudais em um arroubo de entusiasmo humanitário (4 de agosto de 1789).

Por fim, nos dias de outubro, Lafayette conseguiu assegurar o triunfo de sua política de conciliação quando as forças da desordem foram liberadas de forma ainda mais perigosa do que em julho.

Durante um dia inteiro, ele argumentou e ameaçou e entreteve, e por fim, parecendo mais morto do que vivo, viu-se forçado a sair na lúgubre marcha para Versalhes, sob a chuva e na escuridão. Mesmo assim, no dia seguinte, ele reapareceu à luz do sol, em meio a aplausos e acenos da multidão, com o rei ao seu lado e os membros da Assembleia Nacional atrás. A crise que poderia tê-lo arruinado terminou em vitória sobre reacionários e extremistas. O rei foi forçado a se unir ao programa de monarquia democrática de Lafayette, ao passo que este fez o possível, de sua parte, para fortalecer a mão do governante e restaurar seu prestígio. A ordem foi restabelecida. Duque de Orléans e Marat foram obrigados a deixar o país. Desgostoso, Mirabeau abandonou a facção orleanista e começou a se aproximar de Lafayette e da corte. A Assembleia, apoiada por Lafayette e pela Guarda Nacional, e por Bailly e pela municipalidade de Paris, estava livre, afinal, para se devotar à reorganização da França e à criação de uma nova constituição conforme os Direitos do Homem. Parecia, então, que a Revolução tinha entrado em uma nova fase, e que os alertas e incursões dos primeiros cinco meses seriam seguidos por um período de consolidação pacífica. E, de fato, no meio do período da Assembleia Constituinte, do outono de 1789 ao de 1790, quando o prestígio de Lafayette estava no ápice, a França teve um breve intervalo de relativa tranquilidade, para o qual liberais, como Madame de Staël, olhariam, anos depois, com nostalgia e arrependimento:

> Nunca [ele escreveu] a sociedade francesa foi mais brilhante e, ao mesmo tempo, mais séria. Foi a última vez, infelizmente!, que o espírito francês se revelou em todo o seu brilho. Foi a última vez, e sob muitos aspectos também a primeira, que a sociedade parisiense pôde dar uma ideia daquele intercurso intelectual que é o divertimento mais nobre de que a natureza humana é capaz. Aqueles que viveram naquele tempo não podem evitar reconhecer que, em nenhum lugar, em qualquer tempo, eles viram tanta vida e intelecto, e alguém pode imaginar, pelo número de homens de talento que as circunstâncias daquela época produziram,

o que a França poderia ser, se eles fossem chamados a tomar parte dos assuntos públicos sob uma forma sábia e sincera de governo.[15]

Entretanto, se aquele foi um tempo de liberdade e esperança, também foi um tempo de ilusão. A Assembleia Constituinte iniciou os trabalhos em um clima de otimismo ilimitado, sem qualquer consideração para com os fatos da História ou as limitações do tempo e do espaço, no espírito de seu principal teórico, Sieyès, que dizia que as supostas verdades históricas eram tão irreais quanto as supostas verdades religiosas. Quando o trabalho terminou, Cerutti declarou que eles haviam destruído catorze séculos de abusos em três anos, que a Constituição que fizeram duraria séculos, e que seus nomes seriam louvados pelas futuras gerações. Contudo, não muitos meses depois, seu trabalho estava desfeito, e os líderes executados, presos ou exilados. Eles haviam destruído coisas que não poderiam substituir e convocado forças que não podiam entender ou controlar. Pois a aristocracia liberal e a burguesia não eram o povo, e, em alguns aspectos, estavam mais longe do povo do que os nobres e clérigos que permaneceram fiéis à velha ordem. De um lado, havia as grandes massas desarticuladas de camponeses que estavam prontas para queimar os castelos dos nobres, mas que também estavam prontas para lutar, com desesperada determinação, por sua religião. De outro, havia o povo das comunas, sobretudo da Comuna de Paris. No fundo, Paris ainda era a velha cidade da Liga e não precisava que os Estados Unidos ou a Inglaterra lhe ensinasse o que era a Revolução. Ela se lembrava da Noite de São Bartolomeu e do assassinato de Henrique III, e as multidões se uniram de pronto sob a pregação dos novos *cordeliers* e dos novos jacobinos, como fizera antes sob os predecessores católicos que lideraram a turba contra os huguenotes e protegeram a cidade por cinco anos contra Henrique de Navarra. Já em meados de julho, o povo de Paris havia afirmado seu poder de forma inequívoca

---

[15] Madame de Staël, *Considérations*.

e reconquistado sua liberdade pela força das armas. Dali em diante o povo de Paris era um poder independente, e um poder que possuía muito mais autoconsciência e vontade revolucionária do que aqueles cujos representantes se sentavam na Assembleia Nacional. É verdade que, nos primeiros anos da Revolução, a municipalidade ainda estava nas mãos da burguesia, mas o mesmo não acontecia com as assembleias dos distritos e seções que eram os verdadeiros centros de ação política. Ali estava a democracia em ação, não a democracia representativa do constitucionalismo liberal, mas a democracia direta das comunas medievais e das cidades-Estados gregas – a democracia com a qual Rousseau e Marbly sonharam. Era esse novo e terrível poder que iria desfazer o trabalho dos aristocratas liberais e refazer a Revolução, e já nos dias da Assembleia Constituinte ele havia encontrado seu líder em Danton, e seu filósofo e professor em Marat. Foi o venenoso e adoecido doutorzinho suíço, que era tido como criminoso ou lunático pelos respeitáveis políticos da Assembleia, quem viu com mais clareza do que eles as questões fundamentais da Revolução e a estrada sangrenta a ser percorrida. Desde o primeiro momento, ele denunciou a nova Constituição como obra da classe privilegiada e se maravilhou com a forma como os trabalhadores arriscaram a vida para destruir a Bastilha, que não era a prisão deles, mas de a opressores. Ele até mesmo alertou a Assembleia de que, se a burguesia recusasse os direitos políticos dos trabalhadores com base em sua pobreza, eles encontrariam uma solução na afirmação de seus direitos econômicos de ter uma parcela das posses dos ricos. "Quantos oradores se vangloriaram impensadamente dos charmes da liberdade. Ela só tem valor para o pensador que não tem vontade de rastejar e para o homem que, por sua riqueza e posição, é chamado a desempenhar um papel importante, mas não significa nada para o povo. O que é a Bastilha para eles? Nada além de um nome."[16] "Onde está

---

[16] "Ami du Peuple", 30 de junho de 1790; *Oeuvres*, ed. Vermael, p. 114.

a pátria dos pobres?", ele escreve em novembro de 1789, referindo-se à questão da conscrição. "Em toda parte condenados a servir, se não estão sob o jugo de um mestre, estão sob o jugo de seus concidadãos, e qualquer que seja a resolução, sua porção sempre será servidão, pobreza e opressão. O que eles poderiam dever para um Estado que nunca fez nada, nada além de assegurar sua miséria e apertar suas correntes? Eles nada devem além de ódio e maldição."

Isso é muito diferente do idealismo liberal otimista que era o espírito prevalecente em 1789-90. De fato, Marat era qualquer coisa, menos um liberal!. Desde o começo, ele pregou o evangelho do terror, e seu ideal político era o de uma ditatura popular em vez de qualquer tipo de constitucionalismo liberal. Ele entendia a mente do povo melhor do que Lafayette e os criadores da Constituição de 1791, e não era o liberalismo, mas sua crença em uma democracia revolucionária que se tornou o credo da Comuna, dos jacobinos e da República nos anos decisivos que se seguiram.

Capítulo 5 | Os Altares do Medo

A Festa da Federação, em 14 de julho de 1790, marca o clímax da Revolução Liberal. Foi uma manifestação espontânea de sentimento popular, um ato genuíno de consagração nacional da nova religião do patriotismo e dos ideais de Liberdade, Igualdade e Fraternidade. Todavia, foi habilidosamente encenada e organizada por Lafayette e seu partido para celebrar o triunfo de sua política de unidade nacional e a reconciliação da nação e da monarquia sobre a plataforma da Declaração dos Direitos.

Representantes da Guarda Nacional de 44 mil cidades, vilas e vilarejos da França se reuniram em Paris, no Campo de Marte, o qual foi transformado em um enorme templo a céu aberto da democracia francesa. Ali, no grande Altar da Pátria, Talleyrand, cercado por quatrocentas crianças, rezou uma missa na presença do rei, da Assembleia Nacional e das forças armadas do povo, e depois Lafayette, seguido pelos membros da Guarda Nacional, os deputados e o próprio rei, fez o juramento da federação. Foi uma cena de entusiasmo contagiante que atingiu a nação inteira e deixou uma impressão indelével na mente de todos que a testemunharam. O jovem Wordsworth, que naquele momento visitava a França pela primeira vez, descreveu como o país inteiro rejubilou-se, oferecendo uma expressão imortal do espírito daquele tempo nos versos famosos do *Prelúdio*.[1]

---

[1] Referência ao longo poema autobiográfico *O Prelúdio: O Desenvolvimento da Mente de um Poeta*, de William Wordsworth (1770-1850). (N. T.)

No entanto, antes que a união do rei com a nação e a harmonia da nova religião da humanidade com o cristianismo fossem solenemente consagradas no Campo de Marte, a Assembleia Nacional havia aprovado uma lei que causou um conflito religioso dos mais graves.[2]

As relações entre Igreja e Estado no *Ancien Régime* eram tão íntimas que uma revolução no Estado inevitavelmente afetaria os direitos da Igreja e os privilégios do clero. Contudo, a Assembleia Nacional não se contentou em fazer essas mudanças inevitáveis nas relações externas do Estado com a Igreja; ela almejava nada menos do que uma reconstrução completa da Igreja Nacional. De fato, a reforma da Igreja Galicana pela Assembleia Nacional foi ainda mais drástica do que a reforma da Igreja na Inglaterra por Henrique VIII. A exemplo deste, a Assembleia Nacional dissolveu os monastérios e aboliu as ordens religiosas; criou uma Igreja Nacional como a da Inglaterra, a qual, na prática, era inteiramente dependente do Estado, embora fosse descartada qualquer interferência em questões de fé e dogma. Mas ela foi muito além da reforma inglesa no confisco total das propriedades da Igreja e em suas mudanças revolucionárias na organização hierárquica e eclesiástica. A razão por trás da reforma pode ser encontrada na decisão, que já havia sido tomada no outono do ano anterior, de usar as propriedades da Igreja para recuperar a solvência do Estado por meio da emissão de títulos ou *assignats*, os quais seriam pagos com a venda de terras da Igreja. E, uma vez que o Estado era agora responsável pelo pagamento dos clérigos, ele naturalmente os tratou como funcionários públicos e procedeu à reorganização da Igreja em linhas meticulosamente erastianas.[3] As antigas

---

[2] A Constituição Civil do Clero foi aprovada pela Assembleia em 12 de julho de 1790, alguns parágrafos foram adicionados em 24 de julho, e promulgada como lei em 24 de agosto.

[3] Referência ao médico e teólogo suíço Thomas Erastus (1524-1582), para quem o Estado deveria estar acima da Igreja. Ele defendia, por exemplo, que os pecados dos cristãos fossem punidos pelo Estado, não pela Igreja. (N. T.)

províncias e dioceses eclesiásticas foram apagadas e o mapa da Gallia Sancta foi redesenhado para coincidir com o da nova França, usando os departamentos como unidades diocesanas. Tanto os bispos quanto os párocos deveriam ser escolhidos via eleição, como outros funcionários municipais, e pelos mesmos corpos eleitorais – os bispos pelos eleitores dos departamentos, e os padres pelos eleitores dos distritos.

A Constituição Civil do Clero, como a chamaram, foi obra sobretudo de advogados, como Lanjuinais e Camus, que representavam os ideais jansenistas e galicanos da velha oposição parlamentar. Porém, por trás do legalismo dessas mentes estreitas e sem imaginação, estava o idealismo liberal que acreditava que a Revolução estava destinada a unir a humanidade em uma nova unidade espiritual e que a própria Igreja deveria se tornar a apóstola do evangelho humanista. Foi esse ideal que o *Abbé* Fauchet pregou para plateias entusiasmadas no Palais-Royal, no outono de 1790:

> Só pode haver uma religião verdadeira, a religião que diz aos homens: "amem uns aos outros". Essa religião existe, é eterna como a lei do amor: ela até agora não se realizou, e é ignorada por homens que foram separados pela lei da descendência que governa o mundo: devemos, então, mostrar a eles sua pureza e sua verdade nuas, e a raça humana, atraída por sua beleza divina, irá adorá-la de todo o coração.[4]

De acordo com Fauchet, católicos e maçons poderiam se unir para pregar as grandes verdades religiosas que encontraram sua expressão social na Revolução. Mas a Igreja de Talleyrand era tão inadequada quanto a maçonaria de Philippe Égalité[5] para se tornar o órgão desse misticismo democrático. Ao mesmo tempo que a Constituição Civil do Clero era muito radical para ser reconciliada com o

---

[4] Aulard, *L'Eloquence Parlementaire pendant la Révolution*.
[5] Ou Luís Filipe, Duque de Orléans (1747-1793), citado anteriormente. Membro da Convenção, votou favoravelmente à execução de seu primo, o rei Luís XVI. Acabou guilhotinado durante o Terror. Após a Revolução de 1830, seu primogênito se tornou o rei Luís Filipe I. (N. T.)

catolicismo ortodoxo, ela também era muito tradicional para satisfazer as exigências do idealismo revolucionário. Vincular a carcaça da velha Igreja ao novo Estado não era o bastante. O que a Revolução exigia era uma nova religião cívica que seria inteiramente totalitária em espírito e não reconheceria nenhum dever mais elevado do que servir ao Estado.

Entretanto, a época não era propícia para uma solução tão radical, e a Constituição Civil do Clero ofereceu um meio-termo conveniente entre o catolicismo e a religião de Robespierre, meio-termo que correspondia à posição da nova Constituição de 1791 entre o *Ancien Régime* e a República Jacobina.

Embora essa reforma liberal da Igreja fosse de pouca significância religiosa, suas consequências sociais e políticas foram de importância incalculável. Em primeiro lugar, o confisco total das propriedades da Igreja causou mudanças enormes na distribuição da riqueza e na estrutura econômica da sociedade. Ela deu o golpe de misericórdia na velha ordem corporativa e social e fortaleceu imensamente as forças capitalistas em ascensão. A classe que mais lucrou com a expropriação das corporações religiosas foi precisamente a classe capitalista – homens com dinheiro para investir e com talento para encontrar usos lucrativos para suas economias. Dos corretores e especuladores, que fizeram fortunas com a compra e revenda de propriedades eclesiais, aos burgueses ricos, que compraram as melhores terras das abadias; dos agiotas das vilas e os comerciantes aos camponeses prósperos e os artesões – todo homem com dinheiro para gastar teve uma parte na pilhagem. A queda persistente do valor dos *assignats* tornou a operação lucrativa para o comprador, mas desastrosa para o Estado, e assim se criou uma grande massa de proprietários pertencentes à classe média, com um espírito intensamente individualista, atraídos pela causa da Revolução por interesses econômicos. Ao mesmo tempo, a dissolução das corporações de ofício e a lei contra as organizações de trabalhadores, aprovadas pela Assembleia em 1790, destruíram as instituições corporativas da classe trabalhadora, tornando-a um proletariado desorganizado no momento em que o aumento dos preços e a desvalorização da moeda causavam sérias dificuldades e descontentamento. Mesmo assim, a pobreza e o sofrimento não foram o suficiente para que os trabalhadores se voltassem contra a Revolução. Tiveram o efeito contrário: de deixá-los prontos para ouvir a propaganda de agitadores como Marat, que atribuía a escassez de alimentos e a alta de preços às maquinações da corte e aos aristocratas, de tal modo que tanto a prosperidade da burguesia quanto a penúria dos pobres ajudaram a causa da Revolução a avançar e a tornaram mais difícil de reverter.

Mas foi apenas aos poucos que as consequências econômicas da legislação revolucionária se revelaram. Muito mais diretas e óbvias foram as consequências religiosas e políticas das novas medidas. A Constituição Civil do Clero levou quase imediatamente ao cisma religioso, e o cisma, por sua vez, provou-se fatal para o sistema conciliador de Lafayette e toda a política liberal. Os bispos, com exceção de Talleyrand e outros três ou quatro, rejeitaram a Constituição como não canônica e foram apoiados por metade do clero e grande parte da nação. O legalismo intolerante da Assembleia forçou a questão sobre todo pároco e toda congregação, obrigando o clero a jurar fidelidade à Constituição Civil sob pena de destituição.

Assim, a causa da Revolução foi identificada com o cisma religioso, e os católicos que permaneceram leais ao papado e seus bispos foram considerados desleais à Constituição. A despeito dos esforços de Lafayette, Bailly e Talleyrand para manter a liberdade religiosa, turbas organizadas por extremistas invadiram os serviços religiosos de católicos não conjurados em Paris e cometeram abusos brutais contra mulheres devotas e freiras.[6]

---

[6] Tais abusos tiveram mais importância do que os historiadores da Revolução geralmente reconhecem, marcando o início da perseguição religiosa e o rompimento da Revolução com os liberais constitucionalistas. Vemos que efeito

E essa erupção de intolerância não estava direcionada apenas contra os fracos: o próprio rei, que em seu íntimo era não conjurado, também foi vítima. Quando tentou deixar Paris e ir a Saint-Cloud para receber, em privado, a comunhão pascoal das mãos de um padre não conjurado, suas carruagens foram paradas pela turba e ele foi forçado a ficar em Paris e participar do culto na Igreja do Estado.

A despeito de sua fraqueza, Luís XVI era um homem profundamente religioso, e esse ultraje à sua consciência o perturbou e contribuiu, talvez mais do que qualquer outro fator, para fazê-lo dar o passo desastroso da fuga para Varennes, selando o destino da monarquia francesa. O prestígio sagrado da monarquia francesa, que havia sobrevivido às tempestades de 1789, não mais poderia ser preservado quando o rei foi trazido prisioneiro para a própria capital e a Assembleia foi forçada, ainda que temporariamente, a usurpar seus poderes de soberano. Ainda assim, Lafayette e a maioria liberal fizeram um bravo esforço para restabelecer a monarquia constitucional de fachada. Pela primeira vez na história da Revolução, eles agiram com vigor e determinação contra as forças do desastre. A manifestação dos clubes no Campo de Marte um ano após a Festa da Federação foi dispersa de forma sangrenta, o jornal de Marat foi censurado e os líderes extremistas, Marat, Danton, Santerre e Camille Desmoulins, forçados a se esconder ou a se exilar temporariamente. Esse "Terror Tricolor", como o próprio "massacre" do Campo de Marte, não foi de grande impacto, e seus efeitos foram neutralizados pela dissolução da Assembleia Constituinte após a

---

eles tiveram na mente de um homem que não era, de forma alguma, religioso e estava longe de ser simpático à posição católica como André Chénier, cujo famoso panfleto *Os Altares do Medo* foi escrito com ardentes paixão e indignação quanto à covarde rendição da opinião pública à violência e à brutalidade da turba. "Nós não construímos mais templos para o Medo", ele escreve, "como os gregos, e, no entanto, jamais a deusa da escuridão foi honrada por um culto mais universal. Paris inteira é seu templo, e todas as pessoas respeitáveis se tornaram seus padres e oferecem todos os dias, em sacrifício, seus pensamentos e sua consciência."

promulgação da nova Constituição, em setembro de 1791. Em um ato de desastrosa abnegação, os deputados desqualificaram a si mesmos para a reeleição, e os membros da Assembleia Legislativa que se reuniram em 1.º de outubro eram novos e inexperientes, em sua maioria advogados e outros profissionais[7] a quem faltava o contato com a velha tradição governamental que os líderes da Assembleia Constituinte ainda possuíam. Além disso, na nova Assembleia, foram jornalistas como Brissot que assumiram a liderança, e, como disse Albert Sorel, foram eles que tornaram a vida política amarga com os ciúmes mesquinhos das claques literárias.[8]

A nova Constituição era uma das mais democráticas que já existiram, a despeito dos limitados direitos de voto.[9] Não só a Assembleia soberana, mas outros órgãos do governo – autoridades locais dos departamentos e comunas, juízes de direito e de paz, bispos e padres e até mesmo oficiais da Guarda Nacional – passariam a ser eleitos. Não haveria burocracia, serviço nacional civil e autoridade administrativa centralizada. O rei seria um mero fantoche, seus ministros quase não teriam poder, e todo o trabalho de administração do país ficaria com os diretórios eleitos dos departamentos e municipalidades. Como o próprio Luís XVI apontou na carta à nação escrita antes da fuga para Varennes, tal sistema era impraticável em um país com o tamanho e

---

[7] Havia 28 médicos, 28 clérigos, incluindo 2 pastores protestantes, alguns professores e jornalistas, cerca de 50 homens de negócios e o mesmo número de proprietários de terras, e cerca de 400 advogados.

[8] *L'Europe et La Révolution*, II, p. 300. "É o advento das facções do amor-próprio, as mais ardentes e as mais ferozes de todas, que por muitos anos despedaçarão a França e distorcerão a Revolução, bem como as lutas mais nobres que já sustentaram um povo, com os ciúmes mais mesquinhos e atrozes que já dividiram os homens."

[9] De fato, a Constituição de 1791 estabeleceu um voto indireto e censitário, dividindo os cidadãos em "ativos" (donos de propriedades, endinheirados e pagadores de impostos) e "passivos" (mulheres, desempregados e outros). Apenas os "ativos" tinham direito ao voto. (N. T.)

a importância da França. A autoridade estava tão dividida e limitada que o governo não tinha mais controle efetivo sobre a administração, e a liberdade era garantida de forma tão cuidadosa que sufocava sob o peso de incessantes eleições. Mas fora da engrenagem constitucional crescia uma nova e formidável organização que possuía uma implacável ânsia de poder e estava destinada a herdar a tradição autoritária e centralizadora do velho absolutismo. Luís XVI não é lembrado por sua perspicácia política, mas ele enxergou mais longe do que os sábios homens da Assembleia Constituinte ao denunciar os jacobinos como "uma imensa corporação, mais perigosa do que qualquer uma das que existiram antes", cujo poder inevitavelmente anularia a ação do governo. De fato, foi nos clubes e associações populares que a Revolução encontrou seus verdadeiros organismos. Já em fevereiro de 1791, Camille Desmoulins descreveu a Sociedade[10] como a Grande Inquisidora e corretora de erros, e ela já possuía centenas de ramificações provinciais e associações afiliadas por meio das quais exercia influência de um extremo a outro do país.[11]

É verdade que, à época do grande cisma de 16 de julho de 1791, quando a ala da direita liberal, liderada por Barnave e pelos irmãos Lameth, separou-se e formou o novo Clube dos Feuillants, os jacobinos ou a Sociedade dos Amigos da Constituição, para citar seu nome oficial, ainda tinham visões moderadas e representavam uma forma ortodoxa de liberalismo revolucionário. Os democratas e os *sans-culottes* encontraram seu lugar entre os rivais do Clube dos Cordeliers, responsável pela famosa manifestação no Campo de Marte em julho de 1791

---

[10] Em abril de 1789, em Versalhes, alguns deputados bretões dos Estados Gerais fundaram o Clube Bretão, o qual, após a transferência da Assembleia Constituinte para Paris, em outubro do mesmo ano, foi rebatizado como Sociedade dos Amigos da Constituição, como o próprio Dawson aponta a seguir. Como o clube se instalou no Convento dos Jacobinos, seus membros passaram a ser conhecidos por esse nome. (N. T.)

[11] Havia 406 sociedades afiliadas em maio de 1791.

e que incorporava o espírito da violência revolucionária e do terrorismo. Seus membros incluíam os líderes da revolucionária Comuna de Agosto de 1793, Danton, Marat, Anthoine, o açougueiro Legendre, o poeta Fabre l'Eglantine, os jornalistas Camille Desmoulins e Hébert, e Fournier, o "americano", que desempenharia um papel sinistro nos massacres de setembro. Os *cordeliers* nunca tiveram a importância nacional dos jacobinos, mas exercitaram uma intensa influência sobre a democracia parisiense por meio da fundação e organização das Sociedades Fraternas ou Populares, que, por sua vez, deram à turba revolucionária sua disciplina e suas ordens de marcha. Portanto, os clubes eram ao mesmo tempo sociedades de propaganda e associações para a ação. Eles formaram uma hierarquia regular por meio da qual as doutrinas e ordens das autoridades revolucionárias eram transmitidas para o povo. Nas palavras de um jornalista revolucionário, cada rua e cada vila deviam ter seu clube, onde os decretos seriam lidos e comentados, como fazem os padres na quaresma e no Advento. Os clubes deveriam ser, na verdade, as igrejas da nova religião. "Como a religião cristã foi estabelecida?", perguntou um escritor jacobino.

> Pelas pregações dos apóstolos do Evangelho. Como nós podemos estabelecer firmemente a Constituição? Pela missão dos apóstolos da liberdade e da igualdade. Cada associação deve se ocupar dos distritos vizinhos. É o bastante enviar um patriota esclarecido e zeloso com instruções que ele adaptará ao local: ele também deve levar consigo cópias da Declaração dos Direitos, da Constituição, do *Almanaque do Père Gérard* [de Collot d'Herbois], e um bom tratado contra o fanatismo, um bom jornal e uma boa lança.[12]

Em muitos aspectos, os clubes herdaram e absorveram as tradições da maçonaria do século XVIII,[13] a qual se dissolvia na tempestade

---

[12] Aulard, *La Société des Jacobins*.

[13] Karmin, "L'Influence du Symbolisme Maçonnique dans le Symbolisme Revolutionnaire", *Revue Historique de la Révolution*.

da Revolução. Eles exibiam o mesmo deísmo otimista e clamavam, como os maçons, representar o cumprimento dos ideais cristãos de fraternidade, caridade e moralidade. Seu ponto de vista original foi admiravelmente enunciado por Lameth em sua resposta à moção de Don Gerle, pela qual a Assembleia deveria reconhecer a religião católica como o único culto autorizado.[14] Mas a religião dos jacobinos era uma teoria muito mais definida e dogmática do que os maçons jamais teriam. Desde o começo, ela baseava seu credo na Declaração dos Direitos, e suas escrituras no Contrato Social, e gradualmente desenvolveu um culto regular e seu centro ritualístico em torno do Altar da Pátria, da Árvore da Liberdade, do Livro da Constituição, e se dirigia a abstrações deificadas como a Razão, a Liberdade, a Natureza e a Pátria. Embora esse novo culto pudesse ser combinado com a religião da Igreja, como vimos no caso da Festa da Federação, ele era essencialmente distinto e potencialmente hostil a ela. Como o cristianismo, era uma religião da salvação humana, a salvação do mundo pelo poder do homem tornado livre pela Razão. A Cruz foi substituída pela Árvore da Liberdade, a Graça de Deus pela Razão do Homem, e a Redenção pela Revolução.

Esse credo não era, de forma alguma, específico dos jacobinos; era comum a todos os idealistas liberais, dos *Illuminati* a Blake, e de Shelley a Victor Hugo. Mas, com a Sociedade Jacobina, ele adquiriu a organização externa de uma seita, com uma disciplina estrita, um rígido padrão de ortodoxia e uma intolerância fanática para com outros

---

[14] "Como é possível", ele pergunta, "duvidar dos sentimentos religiosos da Assembleia? Ela fundou a Constituição naquela igualdade consoladora, tão recomendada pelo Evangelho. Ela fundou a Constituição na fraternidade e no amor do homem. Ela, para usar as palavras das Escrituras, 'dominou o orgulho'; ela colocou sob sua proteção os fracos e as pessoas comuns, cujos direitos eram ignorados. Ela, de fato, realizou para a felicidade da humanidade aquelas palavras do Próprio Jesus Cristo, quando ele disse 'os primeiros serão os últimos, e os últimos serão os primeiros'." Aulard, *L'Eloquence Parlementaire.*

credos. Desde o começo, os jacobinos se lançaram no embate sobre a Constituição Civil do Clero, e o conflito resultante com os católicos não conjurados foi em grande parte responsável pelo rancor sectário e pelo espírito de perseguição de sua Sociedade. Aos poucos, a Igreja Constitucional deixou de ser o centro da disputa religiosa e tornou-se, ela própria, sujeita à perseguição. Pois aquilo se tratava, afinal, não de uma sociedade autônoma, mas de uma criação do Estado, e o verdadeiro poder espiritual por trás deste último era encarnado na Sociedade Jacobina. E, antes mesmo que os jacobinos desertassem da causa da Igreja Constitucional,[15] eles tomaram a dianteira ao exigir uma legislação repressiva contra os não conjurados e denunciando as atividades de padres recalcitrantes, enquanto os *cordeliers*[16] e as sociedades populares associadas assumiram o protagonismo nos ataques aos locais de adoração católicos e no assédio a padres e freiras. E, assim como o primeiro conflito religioso em torno da Constituição Civil alienara o rei da Assembleia Constituinte e o levara à fuga para Varennes, a segunda e mais intensa fase, que começou no outono de 1791 com a lei que declarava os padres "refratários" pessoas suspeitas, sujeitas à deputação e à prisão, levou Luís XVI ao confronto com a Assembleia Legislativa e destruiu a possibilidade de qualquer cooperação real entre o rei e os líderes girondinos.

Não há dúvida de que outros fatores contribuíram para a crise. O inverno de 1791-1792 testemunhou a deterioração da situação econômica em virtude da queda no valor dos *assignats* e da alta dos

---

[15] O historiador Brinton dá alguns exemplos interessantes dessa fase em seu livro, *The Jacobins*; por exemplo, o presidente da sociedade em Bergerac saudou "a eleição de nosso novo bispo [constitucional], que fará fluir através de nossas almas o precioso bálsamo de uma Constituição fundada sobre a base inabalável de uma fé santa" (p. 195).

[16] O Clube dos Cordeliers, também conhecido como Sociedade dos Amigos dos Direitos do Homem e do Cidadão, era uma sociedade política popular fundada em abril de 1790, sob o período da Revolução Francesa. Tinha sede no antigo refeitório do Convento dos Cordeliers de Paris. (N. E.)

preços, bem como do recrudescimento das sublevações camponesas e da agitação popular nas cidades, enquanto o crescimento da tensão internacional, culminando na declaração de guerra contra a Áustria, em abril de 1792, obscureceu a atmosfera com uma nuvem de suspeita e pânico. No entanto, foram a questão religiosa e, acima de tudo, a recusa do rei em sancionar a segunda lei de proscrição – contra os padres que se recusassem a fazer o juramento – que provocaram o conflito final. Em relação a esse ponto específico, o rei era inflexível. Diante da agitação dos clubes, da objurgação dos oradores girondinos e dos alertas de seus ministros, esse homem robusto, descontraído e indeciso mostrou coragem e constância quase sobre-humanas. Tampouco era coragem nascida da ignorância, pois em seu encontro com Dumouriez, em 18 de junho, ele demonstrou estar plenamente consciente da gravidade de sua decisão, e esperava que ela o levasse à morte. "Terminei com os homens", ele escreveu. "Devo me voltar para Deus." Dois dias depois, a turba de 10 mil pessoas, organizada por elementos extremistas dos *cordeliers*, invadiu o Palácio das Tulherias e tentou forçá-lo a retirar o veto. Luís foi obrigado a se submeter às ameaças e grosserias da multidão, que invadiu o palácio e manteve a família real à sua mercê por quatro horas. Mas a compostura e o bom humor do rei ajudaram-no a suportar a provação triunfantemente, e isso gerou uma mudança da opinião pública em seu favor. Manifestações de lealdade e denúncias contra os jacobinos foram ouvidas em toda a França. Lafayette voltou do *front* e se colocou como o líder da oposição. Ele exigiu que o reinado dos clubes deveria dar lugar ao reinado da lei, e que os jacobinos fossem "aniquilados física e moralmente". Porém, a resignação fatalista de Luís XVI e a antipatia da rainha para com Lafayette os impediram de aceitar sua política ousada de uma declaração de guerra contra os jacobinos. Os constitucionalistas liberais se viram isolados entre as forças insurgentes da democracia jacobina e a hostilidade passiva dos monarquistas católicos. Na verdade, a ação de Lafayette só foi bem-sucedida em atirar os girondinos nos braços dos extremistas e em unir Vergniaud e Brissot a Robespierre em uma campanha contra a monarquia.

Assim, as paixões inflamadas pela legislação anticlerical e pelo veto real dividiram as forças liberais e levaram a causa constitucional à ruína. Os *feuillants* – apoiadores de Lafayette e Pierre du Pont – se juntaram aos conservadores e católicos contra os jacobinos, ao passo que os girondinos, que compartilhavam dos mesmos princípios liberais, exceto pela questão da tolerância religiosa, uniram-se a Robespierre e aos clubes em um movimento revolucionário contra a monarquia. Em 3 de julho, Vergniaud fez sua célebre diatribe contra o rei, na qual pintou a imagem sinistra de um monarca controlado por padres planejando uma nova Noite de São Bartolomeu contra os patriotas, e, em 11 de julho, a Assembleia declarou que o país estava em perigo e convocou todos os cidadãos a se levantar em sua defesa. É verdade que eles se assustaram alguns dias depois e tentaram deter a onda de agitação republicana. Era tarde demais. A declaração de 11 de julho havia dado aos líderes dos clubes a oportunidade, e a direção dos eventos passou da Assembleia para os comitês insurrecionais que controlavam as assembleias das seções e estabeleceram uma organização central no quartel-general da Comuna de Paris. Robespierre com os jacobinos e Danton e Manuel na Comuna eram os mestres do momento, mas eles se mantiveram nos bastidores e deixaram as preparações propriamente ditas da insurreição para a arraia-miúda dos clubes, especialmente os membros dos *cordeliers*, como Anthoine, Santerre, Collot d'Herbois e Fournier. A Revolução de 10 de agosto foi obra de uma minoria determinada, possuidora de uma organização eficiente, e a completa passividade das autoridades constituídas explicitou a falência do experimento constitucional. Mais uma vez, como em julho de 1789, o povo de Paris se levantou contra o governo, mas dessa feita não se fingiu defender os direitos da Assembleia Nacional. A autoridade da Assembleia desapareceu com a queda do trono e deu lugar à ditadura da Comuna Revolucionária. A Assembleia

Legislativa ainda existia, mas foi forçada a protocolar as decisões da Comuna, e os meses que decorreram entre a captura das Tulherias e a reunião da nova Assembleia, a Convenção, em 20 de setembro, foi uma antecipação da ditadura revolucionária que estava por vir. Essa ditadura temporária foi personificada por três homens – Danton, Robespierre e Marat – que formaram uma espécie de triunvirato não oficial e vieram a ser responsáveis pela nova Revolução mais ou menos como Mirabeau, Lafayette e Sieyès foram responsáveis pela anterior. A despeito da completa diferença de caráter e princípios, cada qual era a seu modo um tipo revolucionário representativo: Danton, o jacobino forte, inescrupuloso e audacioso que chegou ao auge na confusão que se seguiu ao colapso da autoridade e uniu a França sob o apelo do patriotismo revolucionário; Robespierre, como Lafayette, o homem de princípios e ideais, limitado, mas incorruptível, o sumo sacerdote da religião jacobina, cuja vontade inflexível se imporia gradualmente sobre a Convenção e a nação; Marat, o estranho híbrido de médico suíço e bandido sardo, cujos temores mórbidos e suspeitas ciumentas lhe deram o assombroso poder de apelar às forças ocultas do terror e da suspeição que governavam a mente da multidão.

Foi o espírito desses três homens que inspirou a Comuna com a energia feroz que intimidou a Assembleia e uniu a nação e o exército hesitantes sob o ideal revolucionário. Pois a queda das Tulherias não era, de forma alguma e por si só, suficiente para decidir o destino do país. A administração das províncias e os líderes militares ainda eram, em grande parte, favoráveis à Constituição. Lafayette havia tentado sublevar a região nordeste, sendo forçado a fugir do país em 19 de agosto, mas o sentimento monarquista ainda era forte o bastante em outras regiões, sobretudo no centro e no oeste, para fornecer material para um movimento contrarrevolucionário. Acima de tudo, os prussianos estavam em marcha, e a França, com um governo desorganizado e um exército dividido, não parecia em condições de resistir a uma invasão. Foi Danton, o representante da Comuna no novo ministério, quem salvou a situação com coragem e energia. Ele superou o espírito derrotista de seus colegas girondinos, como Roland e outros. Ele fortaleceu a resistência da nação com o envio de comissários aos departamentos com poder de angariar homens e munições, purgar as autoridades locais e influenciar a opinião pública. Acima de tudo, ele tentou manter a Comuna e a Assembleia unidas, apoiando a primeira em suas medidas revolucionárias – a prisão de suspeitos e o armamento do povo – e inspirando a segunda com uma fagulha de sua energia e de sua determinação.

No entanto, não poderia haver cooperação real entre uma Assembleia ainda dominada pelos ideais constitucionais dos advogados girondinos e a violência revolucionária da Comuna – entre o espírito da Gironda e o espírito de Marat. A crise veio no fim de agosto, quando a Assembleia, exasperada com o comportamento dominador de sua rival e temendo pela liberdade das eleições que se aproximavam, ordenou a dissolução da Comuna Revolucionária e a eleição de um *novo* corpo conforme as formas constitucionais. Todavia, a Comuna não se rendeu, e a Assembleia hesitou em avançar aos extremos. Naquele momento, 2 de setembro, a notícia da investida dos prussianos em Verdun deu à Comuna sua oportunidade. De novo, como em 9 de agosto, tambores soaram, barreiras foram fechadas e um desesperado apelo pela união em defesa da Revolução foi feito pela Comuna ao povo de Paris e por Danton na Assembleia. Na mesma noite, grupos de cidadãos e guardas nacionais foram às prisões e começaram a metodicamente massacrar padres e prisioneiros políticos que haviam sido detidos como não conjurados ou suspeitos. Os massacres prosseguiram por quatro dias, enquanto as autoridades continuavam passivas e a cidade e a Assembleia estavam a um só tempo horrorizadas e apáticas. Foi a maior matança desde a Noite de São Bartolomeu; mais de 1100 pessoas morreram, incluindo a Princesa de Lamballe, o ex-ministro Montmorin, o arcebispo de Arles, 2 bispos, 225 padres e vários professores universitários. A maior parte das vítimas, contudo, foi de criminosos comuns, homens, mulheres e até mesmo crianças que não tinham qualquer ligação com a política.

Essas atrocidades foram oficialmente atribuídas a um surto incontrolável de raiva popular, mas não pode haver dúvida de que foram deliberadamente planejadas e organizadas pelos líderes revolucionários. A responsabilidade maior recai sobre o Comitê de Vigilância, do qual Marat se tornara membro naquele dia, e foi ele quem redigiu o memorando para os departamentos justificando os massacres e exortando as províncias a fazer o mesmo. Mas por trás do Comitê estava o conselho da Comuna, do qual Robespierre era o líder espiritual e Danton o Ministro da Justiça. Assim, a responsabilidade final recai sobre o triunvirato revolucionário, que estava determinado a sobrepujar a oposição da Assembleia e as hesitações do país com esse ataque. Como disse o próprio Danton ao filho do Duque de Orléans, o futuro rei da França: "Era a minha vontade que toda a juventude de Paris devia chegar ao *front* coberta com o sangue que garantiria sua fidelidade. Eu quis colocar um rio de sangue entre ela e o inimigo". Foi em meio a esse reino do terror que as eleições para a Convenção aconteceram. Apenas um décimo do eleitorado de Paris se aventurou a votar, e os líderes do partido constitucional estavam paralisados de medo. Roland, o Ministro do Interior, tinha, é verdade, feito um débil esforço para impor sua autoridade, declarando que o governo devia colocar um freio nesses excessos ou admitir sua impotência. O Comitê de Vigilância prontamente respondeu expedindo mandados de prisão para o próprio ministro e vários outros deputados, e se Danton não interviesse é provável que os líderes constitucionais teriam compartilhado da mesma sina que Montmorin e La Rouchefoucauld.[17] Embora Roland e Brissot estivessem temporariamente

---

[17] La Rouchefoucauld, presidente do Diretório do Departamento de Paris e um dos líderes dos nobres liberais, foi preso pela Comuna em Forges e assassinado a caminho de Paris. Os outros líderes dos *feuillants*, Pierre du Pont, Charles Lameth e Talleyrand, escaparam graças a Danton. Portanto, embora

silenciados, eles nunca se esqueceram dos homens que os ameaçaram. "Robespierre e Marat", escreveu Madame Roland em 5 de setembro, "seguram uma espada sobre as nossas cabeças." E alguns dias depois: "Esse demagogo brutal [Danton] é o nosso verdadeiro governante, não somos mais do que seus escravos, enquanto esperamos, dia após dia, tornarmo-nos suas vítimas".[18]

Por um momento, os idealistas girondinos se viram forçados a sentir a realidade brutal da força física, e dali em diante foram assombrados pelo medo da proscrição. O rio de sangue que foi derramado para separar a Revolução da monarquia agora dividia as próprias forças revolucionárias e estava para crescer e se aprofundar até engolir as facções opositoras e seus líderes em uma destruição mútua.

Danton não possa ser absolvido da responsabilidade pelos massacres, ele por certo tentou mantê-los dentro de certos limites, ao passo que Robespierre, com sua denúncia de Brissot e dos girondinos, parece tê-los usado para destruir seus rivais políticos. C. J. M. Thompson, *Robespierre*, vol. I, p. 273-77, sobre a questão de sua responsabilidade.

[18] *Correspondence*, Perrond (ed.), p. 434-36.

Capítulo 6 | O Reino do Terror

A Convenção Nacional que se reuniu em 20 de setembro de 1792 deparou-se com a tarefa de refazer a Constituição e criar uma nova ordem social. Era a primeira Assembleia revolucionária, pois não estava mais ligada às tradições e instituições do passado e não havia limites para a extensão de seus poderes. O trabalho da primeira Revolução ruíra com a queda do trono e tudo recomeçaria do zero.

Em alguns aspectos, a Convenção era excepcionalmente bem preparada para a tarefa. À exceção dos monarquistas e *feuillants*, ela incluía todos os líderes da Assembleia Legislativa – Brissot e Vergniaud, Gaudet e Isnard, Carnot e Cambon –, bem como uns poucos ex-membros da Assembleia Constituinte, como Robespierre, Sieyès, o oráculo da constituinte, Buzot e Barère, o jansenista Camus e o pastor protestante Robert Saint-Etienne. Também havia alguns recém-chegados, figuras famosas da Revolução, como Danton e Marat, Camille Desmoulins e Philippe Égalité, mas a maioria era de novatos, como Barbaroux e Louvet, Couthon e Saint-Just, Collot d'Herbois e Billaud-Varenne. Havia, ainda, dois distintos representantes do internacionalismo revolucionário: o anarquista prussiano Cloots e o anglo-americano Thomas Paine.

Poucas assembleias na História podem se vangloriar de tal galáxia de célebres oradores, escritores e homens de ação; por outro lado, poucas assembleias sofreram vicissitudes mais trágicas. Com três ou quatro exceções, todos os membros cujos nomes mencionei, e muitos outros, tiveram um fim violento antes que a Convenção fosse dissolvida. Como vimos, a nova Assembleia foi aberta sob condições deveras desfavoráveis. As eleições ocorreram à sombra dos massacres de setembro, e até mesmo nas províncias, como Barbaroux e Durand de Maillane admitiram, não havia liberdade de expressão. As assembleias eleitorais foram controladas pelos clubes, e apenas uma pequena minoria do eleitorado ousou registrar seus votos, ao passo que apenas uma minoria dos representantes eleitos chegou, de fato, à Convenção. No entanto, mesmo sob tais condições, a unidade não foi alcançada. Desde o começo, a Convenção foi dividida em uma disputa feroz entre os partidos que representavam tendências opostas no movimento revolucionário. De um lado, estava a Gironda, o partido de Brissot e Vergniaud e Roland que formava a ala à esquerda na velha Assembleia, mas que agora defendia os ideais da burguesia liberal e os direitos das províncias contra a ditadura revolucionária da Comuna parisiense. Do outro, estava a Montanha, o partido da Comuna e dos triúnviros, os homens que fizeram a Revolução de 10 de agosto e encontraram seu principal apoio nos clubes e nas assembleias populares das seções urbanas. Era o partido da revolução total, que havia percebido a necessidade de unidade e autoridade e estava determinado a impiedosamente destruir qualquer coisa que se colocasse no caminho de seus ideais. E tais ideais eram, acima de tudo, religiosos. Eles não se satisfaziam com reformas políticas ou instituições republicanas. Eles sonhavam com uma república espiritual baseada em alicerces morais. Como Robespierre escreveu nos primeiros dias da Convenção:

> Quem de nós desceria das alturas dos princípios eternos que proclamamos para o governo vigente nas repúblicas de Berna, Veneza, Holanda? (...) Não é suficiente ter derrubado o trono; nossa preocupação é erigir a partir de seus escombros a sagrada Igualdade e os sacros Direitos do Homem. Não é um nome vazio, mas o caráter dos cidadãos que constitui uma república. A alma de uma república é a virtude – isto é, o amor

pela pátria e uma elevada devoção que deposita todos os interesses privados no interesse de toda a comunidade.[1]

Não cabe dúvida quanto à sinceridade da fé de Robespierre nesse ideal elevado, e a coerência de seu pensamento e a intensidade de sua devoção lhe deram uma influência sobre as mentes de seu partido, que se assemelhava mais à de um líder religioso que a de um político pragmático como Danton. Trata-se de um dos maiores paradoxos da História que um moralista austero, que tinha uma objeção consciente à punição capital, acabasse identificado aos olhos dos moderados com os crimes de setembro e devesse levar a Revolução, com determinação inflexível, ao sangrento *cul-de-sac*[2] do Reino do Terror.

Desde o começo, a atmosfera da Convenção foi obscurecida pela sombra do Terror. Foi o medo do Terror que levou os girondinos a atacar os triúnviros e a Montanha com tamanho rancor, ao passo que suas investidas levaram Danton e Robespierre a recorrer ao apoio da Comuna e à política de violência revolucionária. Mesmo assim, à parte essa questão, não havia motivo para que os dois partidos na Convenção não devessem ter cooperado entre si, uma vez que compartilhavam da mesma ideologia. Os jacobinos, a despeito de suas intolerância e violência, aceitaram as teorias do liberalismo; e os girondinos, a despeito de seus princípios constitucionais, aceitaram os fatos da Revolução. Ambos eram antimonarquistas e anticlericais; ambos concordaram com o processo e o julgamento do rei, quiçá com a sua execução; ambos estavam determinados a defender a Revolução contra os invasores estrangeiros e as forças contrarrevolucionárias internas. Contudo, a fraqueza e a desorganização da estrutura política francesa haviam chegado a tal ponto que qualquer conflito era perigoso, pois trazia à tona a contradição inerente à teoria liberal e às realidades da situação revolucionária.

---

[1] *Lettres à Ses Commettants*. In: Thompson, *Robespierre*, vol. I, p. 280.

[2] Em francês, no original: "beco sem saída". (N. T.)

Os girondinos eram supremos na Convenção Nacional; eles representavam, em teoria, a vontade do povo e controlavam o governo nominal. Mas não tinham poder para impor sua autoridade; não possuíam nenhuma engrenagem executiva e nenhum controle real sobre as autoridades locais. A primeira Revolução havia transferido o controle sobre a polícia do governo para os departamentos e comunas, e a segunda Revolução, por sua vez, destruiu o poder das autoridades administrativas locais, transformando a Guarda Nacional nas forças armadas das seções e da Comuna Revolucionária. A Montanha, por outro lado, não tinha autoridade constitucional, visto que formava uma minoria na Convenção, mas detinha o poder de fato, uma vez que era apoiada pela Comuna de Paris e as seções e pelos jacobinos e os clubes populares. Portanto, a batalha parlamentar, não obstante a paixão que despertava e a oratória brilhante que exibia, não era muito mais do que um torneio de retórica entre os campeões escolhidos da Gironda e da Montanha. O combate era decidido alhures, nas ruas e assembleias populares, e as principais forças de ambos os lados sequer eram representadas na Convenção.

Ambos os partidos da Convenção eram quase que inteiramente burgueses e formados sobretudo por advogados e oficiais. É verdade que Danton denunciou os advogados como "uma aristocracia revoltante" e Robespierre condenou os ricos, os *"culottes dorées"*, como inimigos da virtude republicana. No entanto, eles mesmos eram advogados e *bons bourgeois*, e ambos mantinham a sacralidade dos direitos da propriedade e denunciaram o projeto de uma "lei agrária" como contrarrevolucionário. Da mesma forma, a Gironda afirmava representar a opinião da maioria e defender os direitos das províncias contra a ditadura da capital. Contudo, eles próprios eram uma facção minoritária e se uniram aos jacobinos para negar os direitos políticos dos monarquistas e a liberdade religiosa aos católicos. Por trás do embate político na Assembleia, desenvolviam-se conflitos sociais mais profundos, os quais levariam a Revolução para um rumo que seus líderes oficiais não pretendiam. A alta do custo de vida, a queda do valor da moeda, o aumento do desemprego e a contínua convocação de novos alistados pelo exército produziram um movimento de descontentamento popular contra o governo e os agiotas e especuladores que exploravam a Revolução. O movimento encontrou um líder no padre revolucionário Jacques Roux, vigário de Saint-Nicolas-des-Champs, que ganhara seguidores nos bairros da classe trabalhadora ao defender a causa dos pobres. Embora não fosse socialista, ele insistia na necessidade de atentar para as consequências sociais da revolução. Ele dizia:

> Igualdade é uma mera ilusão, enquanto o homem rico tiver poder sobre a vida e a morte de seus semelhantes por meio do monopólio. Liberdade é uma mera ilusão, enquanto uma classe de homens fizer com que outra passe fome impunemente. Serão as propriedades dos canalhas mais sagradas que a vida do homem? O governo tem o direito de declarar guerra, ou seja, de massacrar homens. Como, então, ele não deve ter o direito de evitar que aqueles que ficaram em casa passem fome?

As leis foram feitas pelos ricos e para os ricos, sendo, portanto, cruéis para com o homem pobre, que se encontrava acorrentado a leis que, supõe-se, ele mesmo devia ter feito. Assim, o despotismo parlamentar não era menos terrível do que o monárquico, pior na verdade, pois o velho governo tentava controlar os preços no interesse do consumidor, ao passo que, sob o governo da assembleia burguesa, não havia mais poder algum que controlasse os aproveitadores.

O novo movimento era, na verdade, uma reação contra o liberalismo econômico que se entrincheirou tão fortemente na Assembleia Constituinte e na Convenção e encontrou seus apoiadores mais veementes entre os girondinos. Não se tratava, contudo, de um movimento socialista, mas conservador e contrarrevolucionário, e os inimigos de Jacques Roux na Convenção não estavam de todo errados ao compará-lo aos padres que lideraram a revolta camponesa na

Vendeia. Era um apelo popular do capitalismo liberal da república burguesa à ordem tradicional da velha monarquia, com sua organização corporativa da vida econômica e seu controle rigoroso dos preços e salários. Os democratas burgueses que compunham a oposição jacobina na Convenção não possuíam simpatia real por esse movimento; de fato, até mesmo Marat, que tinha muito em comum com eles, denunciou Jacques Roux como fanático e contrarrevolucionário. Mas, à medida que a propaganda se espalhou entre o povo, eles foram forçados a levar em consideração e incorporar as reinvindicações menos extremas em seu programa a fim de angariar apoio popular, enquanto os girondinos, por outro lado, foram levados por sua rixa com a Comuna e os homens de setembro a se tornarem o partido da ordem e os representantes da propriedade e do capital.

O elemento anticapitalista da luta entre a Montanha e a Gironda é demonstrado muito claramente por um ponto de vista jacobino relatado por Dutard, o filósofo e espião do Ministério do Interior. "O que os brissotinos (isto é, os girondinos) querem fazer?", ele pergunta.

> Eles desejam estabelecer uma aristocracia dos ricos, comerciantes e donos de propriedades, e se recusam a ver que esses homens são a escória da humanidade, que só pensam em si mesmos, que só vivem por si mesmos e estão sempre prontos a sacrificar tudo em nome de seu egoísmo e sua ambição; apoiá-los apenas possibilita a eles monopolizar os negócios, acumular riqueza e governar o povo com a vara da cobiça. Se pudesse escolher, eu preferiria o *Ancien Régime*; nobres e padres têm algumas virtudes, enquanto esses homens não têm nenhuma. O que os jacobinos dizem? É necessário colocar um freio nesses homens gananciosos e depravados: no *Ancien Régime*, os nobres e padres fizeram uma barreira que eles não podiam ultrapassar. Mas, sob o novo regime, não há limite para sua ambição, eles matariam o povo de fome. É preciso colocar alguma barreira no seu caminho, e a única coisa a fazer é chamar os *sans-culottes*. Onde quer que a turba se levante, você os verá correr, basta mostrar a eles o chicote e eles fogem feito crianças.[3]

---

[3] W. A. Schmidt, *Tableaux de la Révolution Française*, vol. 2, p. 21.

E assim o conflito político entre a Montanha e a Gironda fundiu-se com um conflito social mais amplo, cujo escopo foi em grande parte decidido pela influência tácita de Jacques Roux e os "raivosos" – os *enragés* dos bairros da classe trabalhadora.

No decorrer da primavera, a situação se tornou mais tensa. Enquanto os exércitos eram derrotados, Dumouriez se virava contra a República e a Vendeia se rebelava, os dois partidos na Convenção acusavam um ao outro de traição e apelavam ao país contra a Montanha e à Comuna contra a Gironda. Entretanto, no fim de maio, quando Paris se insurgiu pela terceira vez, não foram os líderes da Montanha, mas os agitadores desconhecidos das seções que levaram à revolta, e não foi apenas a Gironda, mas a Convenção como um todo e a burguesia que a Convenção representava os partidos derrotados. Em 2 de junho, as Tulherias, onde a Convenção se reunia, foram mais uma vez cercadas pelas forças das seções, e os deputados forçados a se render literalmente à boca dos canhões. Agora era guerra aberta entre Paris e as províncias, pois os girondinos que escaparam chamaram o país às armas em defesa da Assembleia. Denúncias do *coup d'état* pulularam por todo o país. Normandia e Bretanha, Bordeaux e a Gironda, Lyon e o Franco-Condado, Marselha e Toulon, todos se sublevaram contra a ditadura de Paris e apenas 22 dos 83 departamentos ficaram do lado dos jacobinos. E, de novo, a debilidade e a fraqueza do movimento constitucional liberal foram reveladas. A despeito da eloquência e das atitudes nobres que fizeram dos girondinos figuras tão impressionantes na tribuna, eles não tinham capacidade de liderança e a revolta das províncias foi um fiasco miserável. Pois o movimento girondino não tinha raízes no povo e seu controle das assembleias provinciais não correspondia a nenhuma realidade social. Se tivessem sido capazes de apelar aos camponeses como os jacobinos apelaram ao proletariado urbano, tudo poderia ter sido bem diferente. Mas eles estavam separados dos camponeses pela barreira da classe e pelo fosso ainda profundo da religião. Eles pertenciam, mais ainda do que os jacobinos, ao mundo do Iluminismo, ao passo que os camponeses pertenciam a um mundo que mudara bem pouco desde a Idade Média. Foram estes últimos, contudo, os inimigos mais formidáveis que os jacobinos tiveram de enfrentar. Enquanto a resistência dos estadistas da Convenção, apoiada pelas autoridades constitucionais de sessenta departamentos e pelas cidades mais ricas da França, colapsava ignominiosamente, os camponeses mal armados de Vendeia derrotavam os exércitos da República, batalha após batalha.

A Vendeia era uma província pobre e atrasada, sem grandes propriedades ou abadias ricas, mas profundamente ligada à Igreja e à ordem missionária fundada por São Grignion de Montfort[4] no começo do século XVIII, a qual renovara a religiosidade popular no Ocidente mais ou menos como os metodistas fizeram com o protestantismo popular na Cornualha e no País de Gales. Por conseguinte, foi a questão religiosa, e não as mudanças políticas da Revolução, a causa da agitação popular. Quase a totalidade da população apoiava a Igreja não conjurada e se ressentia amargamente da remoção de seus padres e da intrusão do clero cismático. Já em 1791, o relatório dos comissários Gensonné e Gallois à Assembleia não deixava dúvidas sobre a seriedade da situação, e Dumouriez, que os acompanhara, falou da possibilidade de uma guerra civil religiosa. Todavia, o governo rejeitou todos os conselhos de moderação e só fez aumentar a severidade de sua política de repressão religiosa. A queda da monarquia privou os católicos de sua única proteção, e a execução do rei foi seguida, dois meses depois, pela feroz lei de 18 de março, que condenava à morte, em até 24 horas, todo padre não conjurado que fosse encontrado no território da República. A essa altura, o oeste já se sublevara. A gota d'água foi a lei de fevereiro, de alistamento obrigatório de recrutas. Se os camponeses tinham de lutar, seus inimigos

---

[4] Conhecido no Brasil como São Luís Maria de Montfort. Nascido em 1673, foi um sacerdote francês, defensor de primeira hora da mariologia. Morreu em 1716. (N. T.)

não eram os austríacos e prussianos, mas os representantes do poder odioso que matara seu rei e expulsara seus padres. Foi um movimento espontâneo que nada tinha a ver com conspirações contrarrevolucionárias ou intrigas aristocráticas, e que nasceu diretamente da fé e do sentimento da alma do povo. Nada poderia ser mais democrático do que essa guerra contra a Revolução, que, na verdade, possuía mais caráter de conflito social do que o próprio movimento revolucionário. Era uma guerra do povo contra o governo, do vilarejo contra a cidade e dos camponeses contra os burgueses. Os insurgentes eram, em sua maioria, fazendeiros ou lavradores, sem armas ou experiência militar. Quando os sinos da igreja soavam o alarme, eles pegavam seus rosários e armas, ou ancinhos, e marchavam contra o inimigo entoando *Vexilla regis*. E quando a batalha terminava, eles retornavam para seus campos. Embora certo número de fidalgos locais e ex-oficiais, como Bonchamps e Charette, tivesse se unido a eles, o comandante do "Grande Exército Católico" era um caixeiro-viajante devoto, e seu líder mais corajoso um couteiro, ao passo que as tropas da Revolução eram comandadas por um homem que era a personificação do luxo e da corrupção do *Ancien Régime*, o Duque de Lauzun. Como Philippeaux, um dos inimigos, disse: "Eles guerreiam como *sans-culottes*, enquanto nós guerreamos como sibaritas. Toda a pompa do *Ancien Régime* está do nosso lado". E um oficial que reportou a situação no Clube dos Jacobinos em Paris perguntou: "Que diferença faz ter estratégia contra homens que lutam com rosários e escapulários nas mãos e se jogam contra a nossa artilharia armados com nada além de porretes?". E ele concluiu que, como os miseráveis eram insensíveis à linguagem da razão, o único jeito era matá-los todos, "ou eles nos matarão".[5]

Pela primeira vez, a Revolução se viu diante de um poder que era mais profundo do que o seu, e se os girondinos estivessem em posição

---

[5] *Séance*, de 2 de agosto de 1793.

de se aliar a essa explosão espontânea de sentimento regionalista, como os jacobinos usaram o movimento proletário nas cidades, a história da Revolução teria sido bem diferente. Mas a imensa sorte do governo jacobino foi que seus inimigos eram incapazes de se unir. Não foram os jacobinos, mas a burguesia girondina de Nantes que constatou o progresso triunfante do exército camponês da Vendeia. A federação burguesa da Gironda fracassou de forma inglória, enquanto o exército camponês da Vendeia começava sua odisseia heroica e trágica através do Loire. Ainda assim, foi quase um milagre a República ter sobrevivido aos perigos que a cercavam durante os críticos verão e outono de 1793. A França teve de enfrentar o ataque de forças combinadas da Europa no momento em que suas províncias se revoltavam, seu exército estava desorganizado e o governo em estado de confusão. Pois o *coup d'état* de 2 de junho não havia solucionado a contradição entre teoria constitucional e prática revolucionária – entre a autoridade da Convenção Nacional e o poder da Comuna e dos clubes. Danton, o representante do partido vitorioso, trabalhava pela paz, e Garat, o Ministro do Interior, simpatizava secretamente com a Gironda, ao passo que, nas seções e nos clubes, o partido da revolução social e seus líderes, Jacques e Theophile Leclerc, estavam tomando o lugar de Marat, assassinado por Charlotte Corday em 13 de julho, como porta-vozes e intérpretes do sentimento popular. Havia chegado o momento de reafirmar a autoridade política, e a revolta dos girondinos ao menos fez com que os líderes da Revolução percebessem a necessidade de disciplina e centralização. No momento exato da queda da Gironda, Robespierre já havia, em um memorando privado, traçado as linhas que o governo revolucionário seguiria:

> Uma vontade única é necessária [ele escreveu]. Ela deve ser republicana ou monarquista. Se for republicana, deve ter ministros republicanos, imprensa republicana, deputados republicanos e um governo republicano. O perigo interno vem da burguesia; para derrotar a burguesia, devemos mobilizar o povo... É necessário que o povo se alie

à Convenção e que a Convenção use o povo. É necessário estender a presente insurreição aos poucos, de acordo com um mesmo plano: pagar aos *sans-culottes* e mantê-los nas cidades; armá-los, inflamar sua raiva e esclarecê-los. É necessário exaltar o entusiasmo republicano por todos os meios possíveis.

No decorrer dos últimos seis meses de 1793, esse programa foi executado e a descentralização anárquica da Constituição liberal se transformou na ditadura implacável do Reino do Terror. A nova Constituição republicana, feita às pressas em junho pela Convenção, após o *coup d'état*, jamais deixou o arco de madeira de cedro no qual foi inscrita, atrás da mesa do Presidente da Convenção. A verdadeira Constituição que emergiu gradualmente da legislação revolucionária de 1793 – a Lei dos Suspeitos, a Lei do Máximo e a Lei de 14 de Frimário – era algo bem diferente. Era uma ditadura totalitária que operava por meio do Comitê de Salvação Pública e do Comitê de Segurança Geral, dos comitês revolucionários locais e dos representantes *en mission*, e abrangia cada detalhe das vidas pública e privada. Foi como se a Revolução reagisse violentamente contra tudo o que fizera nos quatro anos anteriores e, de súbito, retornasse às tradições centralizadoras do velho absolutismo. Os Direitos do Homem e os princípios do liberalismo político e econômico foram banidos de maneira muito mais eficaz do que haviam sido sob Richelieu ou Colbert. No entanto, ainda que fosse uma ditadura, era uma ditadura democrática, não muito diferente dos sovietes em suas fases iniciais – uma ditadura de comitês populares, cujo poder residia, em última instância, não no exército ou na polícia, mas na arma do terrorismo de massa. A ditadura não estava concentrada em um só homem, nem mesmo em Robespierre.

Havia uma multidão de ditadores; cada representante *en mission* possuía poderes ilimitados, os quais delegava sem quaisquer reservas para todos os tipos de subalternos tirânicos. A Revolução tinha saído das mãos dos oradores parlamentares e do populacho insurgente e encontrado seus instrumentos em homens como Fouché, o sinistro ex-oratoriano[6] que passou pela França como um cavaleiro do Apocalipse, destruindo tudo o que se punha em seu caminho, sem compaixão nem piedade.

Foi pela atividade destruidora de homens como Fouché em Lyon, Joseph Lebon, outro ex-oratoriano, em Arras, Carrier em Nantes, Tallien em Bordeaux, que o espírito do federalismo e da independência provincial foi quebrado e o ideal de uma República Única e Indivisível se tornou uma terrível realidade. A ditadura jacobina era, em primeiro lugar e acima de tudo, uma ditadura de guerra – um governo de defesa nacional que colocou o país inteiro sob disciplina militar. Seu espírito está na famosa lei de 23 de agosto, que decretou que, enquanto o país estivesse ameaçado de invasão, a população inteira estava mobilizada para o serviço militar. "Os jovens irão para o *front*, os homens casados farão munições e transportarão suprimentos, as mulheres farão tendas e uniformes e trabalharão nos hospitais, e os velhos farão propaganda patriótica e antimonarquista." Daí a mudança do idealismo cosmopolita do primeiro período revolucionário para um nacionalismo intensamente militante que inspirava a política militar de Carnot e se refletia nos relatórios de Barère para a Convenção. Viu-se, pela primeira vez, a utilização de relatórios militares na propaganda democrática e uma tentativa deliberada de organizar e direcionar a opinião pública e a emoção da massa para fins nacionais. Também não foram negligenciadas as implicações culturais mais amplas dessa política, como vemos no notável relatório de Barère sobre a questão da língua (27 de janeiro de 1794), em que, por um lado, aponta a existência de minorias linguísticas como um risco para a unidade nacional e, por outro, identifica a língua francesa com a causa revolucionária e a exalta como a língua da democracia e dos Direitos do Homem.

---

[6] Fundada em 1565, em Roma, a Congregação do Oratório, Oratorianos ou Ordem de São Filipe Néri é uma sociedade de vida apostólica que se dedica a obras de caridade e à educação dos jovens conforme os preceitos cristãos. Seus integrantes são chamados oratorianos ou filipinos. (N. T.)

Assim, a nova fase da Revolução, a despeito de seu ódio à realeza e sua hostilidade ao passado, marca um retorno à tradição de Luís XIV e do *Grand Siècle*. O Comitê de Salvação Pública representava a autoridade impessoal da nação, e, como até mesmo um inimigo como Maistre reconheceu, seu sucesso foi essencial para a preservação da unidade e do poder nacionais.

No entanto, esse era apenas um aspecto do regime jacobino. Não era somente um governo de defesa nacional contra o invasor estrangeiro, era também um governo pela defesa da Revolução contra seus inimigos internos. "A República nunca será estabelecida", declarou Saint-Just em 10 de outubro, "até que a vontade do povo soberano reprima a minoria monarquista e reine pelo direito da conquista [...]. Devemos punir não só os traidores, mas também os indiferentes; devemos punir quem quer que seja passivo na República e nada faça por ela [...]. Aqueles que não podem ser governados pela justiça devem ser governados pela espada." Este é o princípio do Reino do Terror, concebido por seus autores como um estágio necessário de preparação e de purificação antes que um regime genuinamente democrático pudesse ser inaugurado. Aqui, um Robespierre distingue os governos constitucional e revolucionário de forma muito semelhante à que o comunista distingue o período da ditadura proletária da sociedade sem classes que, no fim das contas, superará aquela. "O fim do governo constitucional", ele escreve, "é a preservação da República, e o fim do governo revolucionário é a sua fundação. A Revolução é a guerra da liberdade contra seus inimigos, a Constituição é o regime da liberdade, vitorioso e pacífico."

O trabalho desses missionários do Terror não era restrito à repressão da insurreição. Eles também eram os missionários da revolução social e da propaganda anticristã. A necessidade de segurança nacional não foi a única motivação por trás do Terror; ainda mais importante era o descontentamento dos pobres. Os jacobinos só foram bem-sucedidos contra Jacques Roux e o partido da revolução social ao abraçar uma parte considerável de seu programa: a adoção da pena de morte contra os acumuladores de alimentos ou comerciantes que não vendiam de imediato quaisquer artigos de primeira necessidade (27 de julho); a Lei do Preço Máximo,[7] que tornou as práticas especulativas uma ofensa capital (29 de setembro); e o alistamento dos desempregados nos "exércitos revolucionários", que executavam essas leis e forçavam os camponeses a entregar sua produção. Esses decretos evitaram o perigo de uma nova Revolução que pairava sobre Paris no verão de 1793 e deram ao Reino do Terror aquele espírito proletário e antiburguês que o tornou, em alguns aspectos, precursor do socialismo. Mas, com a eliminação de Jacques Roux, o movimento caiu nas mãos de homens mais baixos e encontrou seu porta-voz em Hébert, um jornalista caluniador e sem princípios que se aliou a Chaumette, o procurador da Comuna, e aos extremistas que formavam a ala esquerda dos jacobinos e dominavam os *cordeliers* e as sociedades populares.[8]

Os hebertistas não eram apenas o partido da revolução social, mas também os líderes do movimento anticristão que chegou ao ápice no outono de 1793. A Revolução não se satisfazia mais com o catolicismo liberal da Igreja Constitucional e veio a considerar o próprio cristianismo uma força contrarrevolucionária que devia ser destruída para dar lugar à nova religião da humanidade. Já em 26 de setembro, Fouché havia anunciado, em Nevers, que achava ser a sua missão "substituir os cultos supersticiosos aos quais o povo ainda infelizmente adere pela adoração da República e da moralidade natural", e em Lyon, no mês seguinte, ele encenou uma elaborada manifestação anticristã na qual um jumento, usando batina e mitra, arrastava um

---

[7] Ou Lei do *Maximum Général* ou, simplesmente, Lei do Máximo. (N. T.)

[8] Embora Hébert tenha dado seu nome ao partido, ele não era seu fundador ou líder. Teria sido mais correto nomeá-lo "maratista", pois ele reivindicava, não sem razão, representar a tradição de Marat e tinha o seu centro no Clube dos Cordeliers.

missal e os Evangelhos pelas ruas. Durante o outono, todas as igrejas de Paris estavam fechadas, a Notre-Dame se tornou o Templo da Razão e o bispo constitucional de Paris, Gobel, com seus líderes clericais, renunciou publicamente ao seu ministério no bar da Convenção. As artimanhas blasfemas dos hebertistas ofenderam o sentimento religioso não só dos católicos, mas também o deísmo ortodoxo de homens como Robespierre. Até mesmo a opinião revolucionária estava chocada com tal brutalidade e violência, e um movimento de reação contra os excessos do Terror começou a se fazer sentir. Nesse momento, Danton emergiu de seu retiro em Arcis e se colocou como o cabeça da oposição. Com todas as suas falhas, ele era um homem maior e mais humano do que os outros líderes jacobinos, e ficara profundamente abalado com os eventos dos meses anteriores. Garat, ex-ministro do Interior, que o vira antes que ele deixasse Paris, descreveu-o como um homem alquebrado, tomado pelo desespero diante da impotência para salvar a vida dos deputados girondinos. Mas a percepção do perigo que corria restaurou sua velha energia, e ele fez um esforço tremendo para retomar o controle da situação revolucionária tirando vantagem das revelações que surgiram de corrupção financeira e conspiração estrangeira.

Seu plano era cooperar com Robespierre em sua oposição à campanha anticristã dos hebertistas e, assim, mobilizá-lo em uma política de clemência que o isolaria juntamente com Barère dos extremistas do Comitê de Salvação Pública, Billaud-Varenne, Collot d'Herbois e Saint-Just. Em retribuição, ele estava preparado para apoiar e mesmo reforçar a autoridade do Comitê de Salvação Pública e do governo central contra a Comuna e os hebertistas. A campanha começou no momento em que ele voltou a Paris, no início do frimário[9] (21 de novembro). Em 1.º de dezembro, Robespierre lançou seu ataque ao

---

[9] O calendário revolucionário foi criado pela Convenção em 1792 e instituído em 1793. Perdurou até 1805. (N. T.)

ateísmo dos jacobinos e exigiu um expurgo da sociedade. Em 2 de dezembro, Danton atacou a intolerância anticlerical na Convenção e fez seu famoso apelo por misericórdia: "Je demande qu'on épargne le sang des hommes".[10] Uma semana depois, Robespierre voltou a denunciar os ateístas com os jacobinos, e Chaumette, o líder dos anticristãos na Comuna, abandonou os hebertistas e se aliou à política de Danton. Em 13 de dezembro, Robespierre defendeu Danton dos ataques dos hebertistas diante dos jacobinos; e, em 14 de dezembro, Danton apoiou a grande medida centralizadora que suprimiu os exércitos revolucionários e outros órgãos provinciais do Terror e trouxe a administração local para a supervisão direta do Comitê de Salvação Pública. Mas o apoio de Danton ao governo era condicionado ao rompimento das relações deste com os ultrarrevolucionários, e, em 22 de dezembro, seus apoiadores na Convenção apresentaram uma moção pela renovação dos membros, o que implicaria a eliminação dos extremistas – Billaud-Varenne, Collot d'Herbois, Hérault de Séchelles e Jean Bon Saint-André.

A manobra chegou bem perto do sucesso, pois Robespierre não era insensível às lisonjas de moderados como Camille Desmoulins, que lhe fez um apelo nas primeiras edições do *Vieux Cordelier* como o único homem capaz de salvar a República. Mas o jornalista brilhante e temperamental, empolgado com a própria eloquência, exagerou demais na investida. Seu famoso paralelo entre a tirania dos césares e a dos terroristas arruinou a estratégia cautelosa de Danton ao revelar, de forma inequívoca, as reais implicações da campanha de moderação. O Comitê de Salvação Pública se alarmou. Collot d'Herbois retornou, cedendo às execuções em massa em Lyon, e se colocou como o líder dos terroristas. Os hebertistas se recuperaram do pânico temporário e começaram a denunciar as intrigas contrarrevolucionárias de Camille

---

[10] Em francês, no original: "Peço que o sangue dos homens seja poupado". (N. T.)

e Philippeaux. Acima de tudo, Robespierre percebeu os perigos do cisma no Comitê de Salvação Pública e começou a se dissociar de suas relações comprometedoras com os dantonistas. Em seu discurso de 25 de dezembro (5 do nivoso), denunciou as duas heresias opostas, da moderação e do extremismo, e declarou sua política de adesão ao caminho estreito da ortodoxia jacobina e da intensificação da severidade do Tribunal Revolucionário. Em seu grande discurso de 5 de fevereiro, ele proclamou os princípios da moralidade política nos quais a ditadura jacobina doravante deveria se basear. Não havia mais qualquer espaço para a lassidão moral dos dantonistas ou para o materialismo e a irreligiosidade dos hebertistas. A rigidez estreita do temperamento de Robespierre havia transformado o idealismo liberal de Rousseau em um fanatismo árido e severo. Não por acaso, ele era conterrâneo de Calvino.[11] Sua república ideal tinha algo do espírito da Genebra de Calvino, e assim Robespierre lidaria com os libertinos da Revolução – os novos *cordeliers*, como Hébert e Charrette, e os velhos *cordeliers*, como Danton e Camille Desmoulins. Entretanto, esses homens haviam sido seus amigos, e não foi sem esforço que decidiu sacrificá-los. Foi necessária a energia implacável de Saint-Just, o membro mais jovem e ativo do Comitê de Salvação Pública, para colocar o plano em ação. Se Robespierre foi o Grande Inquisidor do Terror, Saint-Just foi o seu soldado. Esse jovem refinado e distante, que "carregava sua cabeça como um sagrado sacramento",[12] tinha uma energia ardente e uma resolução fria e impiedosa que atravessaram a vontade fraca e dividida da Convenção como uma espada rasgando uma folha de papel.

---

[11] Calvino nasceu em Noyon e Robespierre em Arras.

[12] A frase foi cunhada por Camille Desmoulins em sua "Carta para Arthur Dillon", e ele a considerava a origem da animosidade implacável que Saint-Just exibiria contra ele para sempre. Em sua última defesa, ele escreveu: "Bourdaloue disse: 'Molière me colocou em sua comédia, eu o colocarei em meu sermão'. Eu coloquei Saint-Just em uma piada, e ele me colocou em um relatório para a guilhotina". *Le Vieux Cordelier*, ed. Galvet, p. 294.

Desse modo, foi Saint-Just, e não Robespierre, quem assumiu o comando durante as semanas fatais que precederam a queda das facções e a execução dos homens tidos até então como a encarnação do espírito revolucionário. Enquanto Robespierre se retirava alegando doença, Saint-Just lançou um novo programa social concebido para unir a esquerda e as pessoas comuns ao governo. Os relatórios de Saint-Just para a Convenção em 8 e 13 de ventoso (26 de fevereiro e 3 de março) marcaram a ruptura do governo com a burguesia e sua adoção do programa social que primeiro fora levado adiante por Jacques Roux e os líderes do proletariado. Eles exigiam a realização das implicações sociais da Revolução, a liquidação completa dos elementos sociais que se opunham à Revolução e a transferência de suas propriedades para o povo. Só será possível fundar uma ordem republicana, Saint-Just declarou, se as relações sociais forem conduzidas em conformidade com seus princípios políticos. "Uma revolução foi feita no governo, mas ela não penetrou na ordem social. O governo repousa na liberdade, a ordem social na aristocracia. É impossível ter uma Revolução de verdade e uma República de verdade, enquanto o Estado contiver os pobres e os infelizes." "*Os infelizes são os poderosos da Terra*. Eles têm o direito de falar como mestres com os governos que os negligenciam." "Deixem a Europa saber que vocês não mais permitirão a pobreza ou a opressão no território francês, deixem o seu exemplo frutificar pelo mundo afora e espalhar os ideais de virtude e felicidade. *Felicidade é uma nova ideia na Europa*." Aqui, pela primeira vez, a Revolução deixou o liberalismo burguês do século XVIII para trás e se voltou para um ideal socialista. Courtois foi justo ao perguntar "onde esse homem iria parar com seu socialismo".[13]

Saint-Just difere de Marat e Roux e Hébert na medida em que não parou em medidas particulares de expropriação, mas contemplou a

---

[13] Em seu Relatório para a Convenção sobre os eventos de 9 de termidor. Ao que eu saiba, esse é o primeiro caso do uso da palavra "socialismo" em seu sentido moderno.

possibilidade de uma nova ordem social que se basearia na igualdade econômica. Seus ideais de liberdade e justiça eram, de fato, explicitamente socialistas, uma vez que ele sustentava que a verdadeira justiça era primeiramente a justiça para com a comunidade, e que era necessário considerar não os interesses desse ou daquele indivíduo, mas o interesse do Estado. Daí o paradoxo de que os mesmos discursos nos quais ele anuncia a "nova ideia de felicidade" sejam, ao mesmo tempo, uma apologia do Terror. Mas, para ele, o Terror é algo bem diferente da violência brutal do *Père Duchesne*[14] ou mesmo da caçada inquisitorial à heresia por Robespierre. É um Terror ideal, "o fogo da liberdade que deve nos purificar como as impurezas são expurgadas do metal derretido na caldeira", um Terror que é inseparável da Revolução, posto que é da própria natureza da República destruir tudo o que é contrário a ela. Daí que não se poderia permitir que nenhuma consideração pessoal ficasse em seu caminho. "Até aqui se presumiu que ninguém ousaria atacar homens célebres cercados por uma grande ilusão [...] Deixei todas essas fraquezas para trás. Não tenho visto nada além da verdade no universo, e dela tenho falado."

Foi nesse espírito de absolutismo infalível que Saint-Just preparou os terríveis relatórios que envolveram hebertistas e dantonistas, moderados e extremistas, idealistas e conspiradores em uma destruição comum. Os hebertistas foram presos em 13 de março e executados em 24 de março. Os dantonistas foram presos em 31 de março e executados em 5 de abril. Foi o maior expurgo na história dessa ou de qualquer outra Revolução, e abalou todo o organismo revolucionário até as suas fundações. Ele destruiu o poder da Comuna, dos *cordeliers* e das sociedades populares, e deixou o Comitê de Salvação Pública e o Comitê de Segurança Geral sozinhos em um terrível isolamento de poder absoluto. O povo sentiu que, se os homens que os lideraram e

---

[14] Jornal editado por Jacques Hébert, célebre pelo seu radicalismo e agressividade. (N. T.)

tinham organizado a opinião revolucionária por tanto tempo eram traidores, não saberia mais em quem confiar; até mesmo a memória de Marat, o santo patrão dos *sans-culottes*, não estava mais segura, pois ele fora amigo daqueles homens, e os *cordeliers*, onde seu coração estava consagrado como uma relíquia sagrada, revelaram-se o centro da desafeição. A Revolução tinha passado das mãos do povo para as mãos da nova burocracia revolucionária, que brandiu um poder mais absoluto do que qualquer autocrata do passado. Após cinco anos de licença desenfreada, o reino da autoridade havia retornado e o povo começou, mais uma vez, a tremer e a obedecer.

Capítulo 7 | A Queda da Montanha

A queda das facções no germinal[1] de 1794 não foi apenas a vitória do governo revolucionário sobre seus oponentes políticos, mas também a vitória da ortodoxia jacobina sobre os heréticos e os céticos. Dali em diante as opiniões revolucionárias ficaram tão rigidamente organizadas e centralizadas quanto o governo revolucionário. A Sociedade Jacobina havia tomado o lugar da Igreja Constitucional como a igreja estabelecida da República e exerce uma influência muito maior na vida social do que a anterior. Estavam em suas fileiras todos os oficiais e praticamente todos os membros políticos ativos do Estado. Sua sociedade-mãe em Paris era, ainda mais do que a Convenção, a governante espiritual da França, e seus milhares de sedes locais formavam centros de propaganda e influência social. Como o Partido Comunista na Rússia, eles eram o poder dinâmico e vital por trás do mecanismo político, e, como lá, derivavam sua unidade e sua autoridade da fé em uma filosofia social que também era um credo dogmático.

O principal representante e porta-voz do credo jacobino era Robespierre, e ele devia sua posição única no Estado à maneira como se identificara, no decorrer da carreira, com a Sociedade Jacobina e o espírito jacobino. Ele era o papa da nova igreja, e nenhum papa

---

[1] Mês equivalente aos dias que vão de 21 de março a 19 de abril no nosso calendário. (N. T.)

jamais foi tão determinado em justificar a supremacia do poder espiritual. Em contraste com outros líderes revolucionários, como Mirabeau e Marat e Danton, ele considerava a Revolução essencialmente uma reforma moral e religiosa. Por conseguinte, ele concluiu que não era suficiente adotar uma atitude negativa para com os problemas religiosos. A velha religião morrera com o velho Estado, e era necessário dar uma forma concreta e orgânica aos ideais espirituais da nova ordem. É verdade que, como vimos, o estabelecimento de uma nova religião cívica estava implícito em todo o desenvolvimento da Revolução desde a época da Constituição Civil do Clero e da Festa da Federação em 1790; contudo, até então, fracassara em obter uma expressão clara por causa do anticlericalismo negativo comum aos girondinos e hebertistas, o qual parecia a Robespierre, bem como aos católicos e aos membros da Igreja Constitucional, oposto a quaisquer princípios religiosos ou morais. Na verdade, do ponto de vista filosófico, havia pouca diferença entre as duas escolas de pensamento revolucionário. O único pensador revolucionário importante que fez uma profissão pública de ateísmo foi o arqui-idealista Anacharsis Cloots, que afirmou que a crença em Deus era fatal para a democracia, uma vez que os escravos do paraíso jamais seriam livres na Terra. No entanto, a fé de Cloots na humanidade tinha um caráter definitivamente religioso, e ele ensinava que a raça humana regenerada, que encontrara um centro na nova França, era em si um verdadeiro ser divino. "Les attributs d'une divinité fantastique appartiennent réellement à la divinité politique. J'ai dit et je le répète que le genre humain est Dieu et que les aristocrates sont des athées."[2,3] Está claro que não há nada nessa atitude que seja inconsistente com a ideia de uma religião cívica; na verdade, é muito similar à dos organizadores subsequentes da

---

[2] Em francês, no original: "Os atributos de uma divindade fantástica pertencem realmente à divindade política. Eu disse e repito que o gênero humano é Deus e que os aristocratas são os ateus". (N. T.)

[3] Citado em Jaurès, *Révolution Française*, VII, p. 60.

teofilantropia[4] e do culto decadário.[5] O verdadeiro conflito religioso nas fileiras revolucionárias não se dava entre ateísmo e teísmo, mas entre o racionalismo deísta negativo, fiel a Voltaire e aos enciclopedistas, e o deísmo místico de Rousseau, que simpatizava com os ideais morais cristãos. E como aponta Buonarotti, o discípulo de Babeuf, em sua interpretação da história da Revolução, esses dois ideais religiosos correspondem a duas concepções opostas do Estado e da ordem social que ele chama, respectivamente, de *ordem do egoísmo* e *ordem da igualdade*. Assim, a atitude racionalista anticristã corresponde ao liberalismo burguês que louvou a Revolução como o meio de libertar o indivíduo do jugo da autoridade e da tradição, ao passo que a atitude religiosa positiva corresponde à tentativa de realizar, por meio da Revolução, uma nova ordem social baseada na igualdade ou, em outras palavras, o ideal de *democracia social*.

Aos olhos de Robespierre e de Saint-Just, os dantonistas e hebertistas representavam, em igual medida, o princípio do egoísmo, o qual era uma espécie de ateísmo social, e, agora que eles haviam sido destruídos, o caminho parecia livre para o estabelecimento da "república da virtude". Em 18 de floreal (7 de maio de 1794), Robespierre fez seu grande discurso na Convenção, "Sobre as Relações da Religião e da Moralidade com os Princípios Republicanos", um dos mais significativos documentos do período revolucionário, pois oferece não só o programa da política jacobina de reconstrução social, mas também uma declaração oficial do credo jacobino. Ele começa traçando em linhas gerais o evangelho liberal do Progresso, no qual as esperanças

---

[4] Seita religiosa que existiu na França entre 1796 e 1801. Seus membros reconheciam apenas dois dogmas (existência de Deus e imortalidade da alma) e pregavam a manutenção da moral e da ordem social. (N. T.)

[5] Culto criado pelo capitão do exército francês Joseph Mongin quando estava preso em Reims. Realizada a cada dez dias por Mongin e seus colegas de prisão, a "missa decadária" imitava a liturgia católica, ensejando diversas inversões. Por exemplo: no altar, colocavam uma estátua da Liberdade, a quem rezavam no decorrer da cerimônia. (N. T.)

da Revolução se baseavam. Para Robespierre, como para Thomas Paine e William Blake, a Revolução Francesa não era um mero evento político, era uma crise na história mundial que anunciava o nascimento de um novo mundo moral e a regeneração da humanidade. A era moderna viu uma imensa revolução na civilização que deu ao homem o controle sobre a natureza e alargou os horizontes do conhecimento humano. Mas, até então, não havia progresso correspondente no mundo moral. "As idades e a Terra têm sido a herança do crime e da tirania; liberdade e virtude têm feito raras e intermitentes aparições; Esparta reluz como um raio em campos escuros." Mas havia chegado o momento desses esparsos brilhos de luz se expandirem no dia perfeito da democracia. "Tudo mudou na ordem física; tudo deve mudar na ordem moral e política. Metade da revolução mundial já está feita; metade ainda está para ser realizada."

Qual é a razão por trás desse caráter desigual do desenvolvimento humano? Ele se deve à oposição das paixões humanas e dos interesses egoístas ao progresso moral. Reis não temem a ciência e a arte; eles temem os "filósofos severos e os defensores da humanidade". As verdadeiras fundações da sociedade são a moralidade e a virtude, mas as sociedades existentes se baseiam na violência e no crime. Todo o princípio da monarquia é essencialmente imoral. A tarefa essencial perante o povo francês é a moralização do Estado, e a Revolução nada mais é do que a passagem do reino do crime para o da virtude. Por conseguinte, a França agora pertence a uma ordem moral diferente. Ela está dois mil anos à frente do resto do mundo, de tal forma que o povo francês parece ser uma espécie diferente dos outros habitantes da Europa.

Se os reis e seus escravos são os inimigos da virtude, também é verdade que os inimigos da virtude dentro da República são seus cúmplices. A mais perigosa de todas as formas de conspiração é aquela que mina o Estado pela corrupção da moralidade pública, e a maneira mais sutil e traiçoeira de desmoralizar a sociedade é destruir, em nome da razão e do esclarecimento, as crenças religiosas nas quais repousa a moralidade.

Mas o povo foi corajoso. Onde os homens das letras, cheios de si pela ciência vã da Enciclopédia, perderam a fé na Revolução como haviam perdido a fé em Deus, o simples bom senso dos trabalhadores levou a causa dos Direitos do Homem à vitória. O instinto moral do povo é o princípio de sua grandeza. É essencial para a República reconhecer o alicerce moral em que repousa e usar de todos os meios para restaurar e reforçar as crenças sem as quais a vida moral do povo é impossível – a crença no Ser Supremo e na imortalidade da alma, um respeito religioso pela personalidade humana e o senso de responsabilidade moral. Entretanto, isso não significa nenhuma simpatia pela superstição da religião tradicional. "Lembrar os homens de adorar o Ser Supremo é desferir um golpe mortal no fanatismo (...) sem restrição e sem perseguição, todas as seitas devem se fundir por conta própria na religião universal da Natureza."

Essa religião da natureza, contudo, não é uma mera abstração filosófica. Ela deve ser uma verdadeira religião nacional, como as religiões cívicas da Antiguidade clássica, e Robespierre termina seu discurso com uma série de propostas concretas para o estabelecimento e a organização de um novo culto nacional. A cada *decadi*[6] no decorrer do ano, um festival deve ser realizado em honra ao Ser Supremo e a algum objeto em particular, moral ou social: Natureza, Humanidade e República, Verdade, Justiça e Modéstia, Amor, Fé Conjugal e Piedade Filial, Agricultura, Indústria, os Benfeitores da Humanidade e os Mártires da Liberdade.[7]

Para a mente moderna, nada pareceria menos provável de inflamar a emoção religiosa da massa do que essa apoteose oficial de um

---

[6] No calendário revolucionário, cada mês era composto de três semanas de dez dias (*decadi*). (N. T.)

[7] Cf. o projeto dos festivais nacionais nas *Instituições* de Saint-Just.

catálogo de abstrações. Mas o novo culto decadário é uma criação da mesma era que produziu a arte neoclássica de David e a poesia neoclássica de Schiller e dos irmãos Chénier; embora não tivesse a mesma convicção espiritual do neopaganismo de Hölderlin, essa época não era desprovida de um elemento de genuíno sentimento religioso. O Festival do Ser Supremo, celebrado por Robespierre em 20 de prairial[8] com a ajuda dos artistas, músicos e poetas da República, não foi simplesmente uma exibição pomposa de ostentação oficial, mas um ato solene e religioso que, aos olhos de todo bom jacobino, pareceu consagrar o triunfo da causa da humanidade. E, ao menos nessa ocasião, a eloquência de Robespierre transcendeu a retórica envolvida nas arengas políticas e expressou sua fé religiosa com totais sinceridade e convicção:

> Não foi senão Ele Quem desde o começo dos tempos decretou a República e ordenou para todas as eras e para todos os povos a liberdade, a boa-fé e a justiça?
>
> Ele não criou reis para devorar a raça humana: Ele não criou padres para nos colocar arreios e atrelar às carruagens dos reis e dar ao mundo um exemplo de baixeza e perfídia e falsidade. Mas Ele criou o Universo para manifestar Seu poder: Ele criou os homens para que eles se ajudem uns aos outros, para que amem uns aos outros e para que alcancem a felicidade pelo caminho da virtude.
>
> Ser dos seres, não é injusta a prece que dirigimos a Vós: Vós conheceis as criaturas que se aproximam das Vossas mãos: Vós conheceis suas necessidades e também seus pensamentos secretos. A aversão à fé doentia e à tirania queima em nossos corações com o amor da justiça e pela nossa pátria; nosso sangue é derramado pela causa da humanidade; contemplai nossa prece, contemplai nosso sacrifício, contemplai a adoração que oferecemos a Vós.

Foi o momento supremo da carreira de Robespierre, e qualquer um que o visse exaltado por sua emoção religiosa em meio à plateia

---

[8] Mês que ia de 20 de maio a 18 de junho. (N. T.)

que cantava e à enorme multidão que tomou o Campo de Marte poderia supor que o Reino do Terror tinha acabado e uma nova era de fraternidade e reconciliação começava.

Porém, os discursos de Robespierre na Convenção em 27 de junho mostraram que ele estava longe de acreditar que havia chegado o momento de deixar de lado a arma do Terror, e que ainda considerava a política de clemência uma traição à causa revolucionária. A verdade é que, para Robespierre e seus seguidores, não havia contradição entre o Reino do Terror e a religião da humanidade. A guilhotina era um emblema do ideal jacobino tanto quanto a Árvore da Liberdade, e a Deusa da Liberdade era uma deidade ciumenta que não podia ser apaziguada, salvo pelo ritual tradicional de sacrifício humano. Perante sua imagem na Place de la Révolution era oferecido, dia após dia, um número crescente de vítimas,[9] e chegou um momento em que as execuções começaram a perder seu caráter individual e jurídico e se tornaram impessoais e simbólicas. Assim, em 20 de abril, o sacrifício consistiu em 25 magistrados do velho *Parlement*; em 8 de maio, 28 financistas e outro grupo de grandes nobres, enquanto os atentados à vida de Robespierre e Collot d'Herbois foram seguidos por um grande holocausto de 59 vítimas arrastadas de todas as classes para formar uma coleção representativa de inimigos da República.

Em tais condições, era inevitável que houvesse pouca consideração para com os casos individuais e que juízes e júris nutrissem um orgulho profissional em fazer a engrenagem da carnificina funcionar tão suave e rapidamente quanto possível. Ainda que a terrível condenação da justiça revolucionária evidenciada no julgamento de Fouquier-Tinville exija alguma qualificação, é impossível encontrar

---

[9] No decorrer dos primeiros meses do Terror, o número de execuções em Paris era de sessenta ou setenta por mês; em março, aumentou para 122, e daí em diante aumentou em proporções aterradoras até 259 em abril, 346 em maio, 689 em junho e 966 em julho (obtive esses números no catálogo impresso por Picard em 1911, baseado nos registros destruídos em 1871).

qualquer desculpa para a destruição indiscriminada de vidas inocentes que prosseguiu semana após semana e mês após mês, do começo da primavera até o fim de julho. O fato de que, no decorrer desses três últimos meses do Reino do Terror, o maior cientista, o maior poeta e a mulher mais nobre da França – Lavoisier, André Chénier e Madame Elizabeth – foram condenados por sua participação em conspirações imaginárias é o bastante para condenar o sistema. A religião da virtude que Robespierre pregava foi responsável por tanto sofrimento humano e injustiça quanto quaisquer dos fanatismos ou superstições do passado bárbaro. Foi o idealismo religioso de Robespierre que forneceu a justificação moral para o Terror, sem o que ele teria colapsado como aconteceu após o Termidor. Mas Robespierre não podia aprender a ser moderado, como Fouché e Tallien e o resto, pois era mais desinteressado do que eles. Ele não destruiu em um espírito de crueldade ou em uma violência gratuita, mas com a benevolência fria de um inquisidor determinado a erradicar a heresia e tornar os homens virtuosos e ortodoxos, quer eles desejassem ou não.

Por conseguinte, não é sem razão que Robespierre foi considerado por seus contemporâneos e pela posteridade a representação e a personificação da ditadura terrorista. No entanto, apesar de seus imensos prestígio e influência pessoal com os jacobinos ascenderem a uma espécie de ditadura moral, ele nunca foi um ditador na plena acepção da palavra. A substância do poder sempre permaneceu nas mãos do Comitê como um todo, fazendo com que a ditadura preservasse seu caráter impessoal. Como disse Madame de Staël, era como a guilhotina – a pessoa via a lâmina em vez da mão que a movia.

Por trás do sumo sacerdote da religião jacobina, cujo nome estava na boca de todos, estavam os organizadores e homens de ação, Billaud-Varenne e Collot d'Herbois, Carnot e Cambon, Jean Bon Saint-André e Robert Lindet, Couthon e Saint-Just, Barère e os dois Prieurs. À exceção de Couthon e Saint-Just, esses homens tinham pouca simpatia para com as pretensões de infalibilidade moral de

Robespierre. "Avec ton Être Suprême, Robespierre, tu commences m'embêter",[10] conta-se que Billaud teria dito, e mesmo que não o tenha, não há dúvida de que a observação expressa a atitude geral da maioria do Comitê, mais interessada na tarefa imediata de levar adiante o trabalho do governo e a defesa nacional do que com o advento da religião do Ser Supremo e a regeneração moral da humanidade. Mas, quaisquer que fossem seus defeitos, esses homens eram grandes trabalhadores. Barère descreveu "a salinha na qual nove membros trabalharam dia e noite sem um Presidente, sentados ao redor de uma mesa com uma toalha verde". "Com frequência, após dormir por uns poucos minutos, eu encontrava uma enorme pilha de papéis no meu lugar – relatórios das operações dos nossos inimigos." "Queríamos dar uma lição de economia. De outro modo, não poderíamos ter realizado esses grandes feitos que deixaram o mundo estupefato."[11] Collot d'Herbois afirma que ele e Billaud-Varenne despacharam não menos que 300 mil documentos para os departamentos e redigiram, de próprio punho, no mínimo 10 mil minutas. Além disso, sua atividade não se restringia ao trabalho burocrático; eles não só praticamente recriaram a engrenagem do governo burocrático centralizado como levaram a cabo, pela primeira vez na História, a enorme tarefa de mobilizar todo o poder da massa e os recursos econômicos da nação para fins militares, e foram, assim, forçados a controlar e a regular todos os aspectos da vida econômica. Eles lideraram exércitos, reorganizaram províncias e formaram a opinião pública com seus discursos na Convenção e no Clube dos Jacobinos. Carnot liderou a carga que decidiu a Batalha de Wattignies, e a energia demoníaca de Saint-Just conduziu o exército do norte através do Rio Sambre de novo e de novo, a despeito dos fracassos sucessivos.

---

[10] Em francês, no original: "Com o seu Ser Supremo, Robespierre, você começa a me aborrecer". (N. T.)

[11] Citado por J. M. Thompson, *Robespierre*, vol. 2, p. 75.

Tal dispêndio sobre-humano de energia foi possível pelo não menos anormal estado de exaltação e tensão psíquica em que viviam. Eles deliberadamente se propuseram a forçar o ritmo para manter a nação no ápice da energia revolucionária. "Assim como uma nação pode ser governada com o máximo grau de fraqueza", escreveu Saint-Just, "então ela também pode ser governada com o máximo grau de energia. Qualquer que seja o tom estabelecido, ele pode ser mantido, contanto que se esteja em harmonia. Acredito, portanto, que é necessário que estejamos exaltados, sem excluir o bom senso ou a prudência." São essa energia furiosa e essa exaltação fanática que explicam a grandiosidade e a miséria do governo revolucionário, e talvez sirvam para desculpar, em alguma medida, a crueldade impiedosa do Comitê durante aqueles meses de verão em que o Reino do Terror atingiu o clímax. E ninguém fez uma apologia do Terror melhor do que Billaud-Varenne, o homem que talvez fosse mais responsável por ele do que qualquer outro membro do Comitê, à exceção de Robespierre, e que manteve sua fé revolucionária intacta nos 25 anos de ignomínia e exílio:

> O problema das revoluções [ele escreveu] é que é necessário agir muito rapidamente; você não tem tempo para examinar; você age somente com uma fé ardente, sob o medo de não agir; sob o medo de ver suas ideias fracassarem... As decisões pelas quais temos sido tão censurados – a maioria delas não levou mais do que dois dias, ou algumas horas, para serem tomadas: foi a crise sozinha que as produziu.
>
> No Comitê, dia e noite, todos nós tomamos com mãos cansadas a imensa tarefa de liderar as massas.
>
> Por dois anos marchamos à frente de Paris contra os departamentos federalizados e os satélites de todos os reis da Europa. Nessa esfera tempestuosa, só podíamos ver a segurança comum; fizemos uma ditadura sem dar a ela qualquer outro nome. *Ditadura*, dissemos numa voz que a Europa não poderia sufocar: foi uma ditadura, um governo revolucionário que levou à República por meio da violência.

Em nossas mãos, essa ditadura superou todos os obstáculos: nós vencemos a Vendeia e a Europa; nós esmagamos as facções; sim, sem as próprias divisões, teríamos levado o país à República e hoje uma parte da Europa seria politicamente puritana. Nenhum de nós atentou para os fatos, os acidentes sem dúvida mais perturbadores, pelos quais temos sido censurados. Nossos olhos estavam fixados em coisas elevadas demais para que pudéssemos ver que o chão no qual pisávamos estava coberto de sangue.

Éramos *estadistas*: colocando a segurança da causa que nos foi confiada acima de qualquer outra consideração. Vocês nos censuram pelos meios que usamos? Mas os meios fizeram com que a grande causa triunfasse... Censurem-nos se quiserem, mas também digam: *Eles não falharam com a República...* No mínimo, não deixamos a França ser humilhada: e fomos grandes em meio à nobre pobreza. Vocês não encontraram tudo o que confiscamos no tesouro público?[12]

Foi essa inexorável fixidez de propósito e essa determinação fanática para atingir os objetivos por quaisquer meios e a qualquer custo que tornaram o governo revolucionário poderoso. Mas isso também foi a causa de sua destruição. A ditadura de um partido não pode ser levada adiante sem certo grau de tolerância e subordinação mútuas, e tolerância era uma qualidade que faltava por completo a esses homens. Robespierre e Saint-Just, Billaud-Varenne e Collot d'Herbois, todos eram igualmente sinceros e igualmente intransigentes. Billaud e Collot cederam a Robespierre no que dizia respeito a sacrificar os hebertistas, mas se recusaram a ir além e sacrificar os ex-hebertistas, como Fouché e Tallien, e ainda homens como Vadier e Leonard Bourdon, que consideravam servidores leais da Revolução. Eles se ressentiam dos modos pontificiais de Robespierre e sua contínua presunção de superioridade moral, e suspeitavam que, com sua propaganda da Religião da Virtude e do Ser Supremo, ele procurava se colocar acima do resto do Comitê e assegurar seu engrandecimento

---

[12] Billaud-Varenne, *Mémoires*.

pessoal. Robespierre, por sua vez, era possuído por uma monomania de suspeição ciumenta que o levava a farejar conspirações em toda parte e considerar qualquer oposição aos seus desejos um sinal de deslealdade política. O idealismo grandiloquente da filosofia política de Robespierre era a compensação para uma mente continuamente assombrada pelo medo e envenenada pela suspeita e pelo ódio.

A esse respeito, ele era apenas um típico exemplo da mente revolucionária, que possui uma patologia bem como uma ideologia próprias. Dos dias do grande medo em 1784 aos Massacres de Setembro, da queda dos girondinos à Lei dos Suspeitos, da *Conspiration de l'Étranger* à queda de Robespierre, o medo foi a grande força motriz por trás da Revolução. Garat dá um testemunho vívido da maneira como a atmosfera da Convenção em seus primeiros dias foi envenenada pelas suspeitas fantásticas e mútuas dos dois partidos. Acima de todos, os jacobinos provocaram esse complexo de perseguição com suas denúncias incessantes, a ponto de ver a mão de Pitt[13] e contrarrevolucionários em toda parte. Houve alguns líderes da Revolução, sobretudo Danton, bem como homens menos importantes, como Fouché, que deliberadamente exploraram esses temores a fim de poder governar. Mas era o segredo do poder de Robespierre, como o de Marat, que ele próprio era excepcionalmente sensível a essas forças irracionais e deixou sua imaginação ser levada pela tempestade do terror. Assim, quando veio a crise e as diferenças de opinião entre os membros do Grande Comitê não podiam mais ser escondidas, Robespierre foi incapaz de silenciar suas suspeitas ou chegar a um acordo com seus oponentes. Ele era escravo de seus temores. Ele farejava conspiração onde quer que sentisse oposição, e

---

[13] Referência a William Pitt (1759-1806), primeiro-ministro britânico por duas vezes (1783-1801 e 1803-1806). Embora simpatizasse em um primeiro momento com a Revolução Francesa, Pitt passou a temer sua influência desestabilizadora no restante da Europa. A Inglaterra declarou guerra à França revolucionária em 1793. (N. T.)

assim seu grande discurso de 8 de termidor, com suas ameaças vagas e denúncias abrangentes, serviu apenas para unir as forças divididas dos inimigos e trazer contra a própria cabeça as forças acumuladas de paixão e medo que vinham se amontando durante os meses do Governo do Terror.

A ciumeira profissional e o espírito anticlerical do Comitê de Segurança Geral, a vontade incansável de Billaud, a violência de Collot d'Herbois, a eficiência prática de Carnot e Cambon, a animosidade fria e desperta de Fouché, a paixão de Tallien por Thérésa Cabarrus e os interesses egoístas de Barras e Fréron, tudo se combinou para provocar a queda de Robespierre.

A rigor, a queda de Robespierre não foi uma revolução, posto que ele nunca exerceu uma ditadura. Pelo contrário, foi uma vitória do governo revolucionário, que esmagou um incipiente movimento de revolta. Mesmo assim, ela envolveu mais consequências revolucionárias do que qualquer evento desde a queda da monarquia. Ela significou o término do Reino do Terror, a queda da Comuna Revolucionária e o fim dos jacobinos.

Capítulo 8 | A Virada da Maré

Na mente do povo, Robespierre ficou identificado com o sistema terrorista, pois foram ele e Couthon os responsáveis pela sangrenta lei de 22 de prairial, pela qual 1366 vítimas foram executadas no decorrer das últimas sete semanas de sua atuação, e eram ele e Saint-Just que controlavam o Bureau da Polícia Geral, que era considerado uma espécie de inquisição terrorista. Assim, com a queda de Robespierre, a França de repente acordou do pesadelo dos meses anteriores e a reação universal da opinião pública levou os políticos consigo. É verdade que nada poderia estar mais distante das intenções de Billaud e Collot e dos membros do Comitê de Segurança Geral, que tiveram papel tão importante no ataque a Robespierre, do que esses eventos. Aos olhos deles, como Barère disse em seu discurso na Comuna em 10 de termidor, os eventos da véspera não passaram de um distúrbio que deixou o governo revolucionário intacto. Mas o apelo dos comitês à Convenção Nacional e a derrota infligida aos jacobinos e à Comuna Revolucionária destruíram o equilíbrio de forças no qual o poder do Comitê de Salvação Pública se assentava. Tão logo a Convenção se viu livre do medo das forças armadas das seções e de sua dependência da segunda assembleia que se reunia no Hall dos Jacobinos, ela se sentiu outra vez o poder soberano, e o Comitê de Salvação Pública efetivamente se tornou o que sempre fora em teoria, um Comitê da Assembleia. O experimento da democracia pura, que sempre fora extraconstitucional e repousava nas estacas das seções em vez de nos votos dos departamentos, já havia sido prejudicado pela derrota de Vincent e dos hebertistas na primavera e não poderia sobreviver aos eventos de termidor. Antes que os jacobinos de ambos os Comitês pudessem entender o que acontecia, a liderança passou de suas mãos para as dos "termidorianos", ex-terroristas como Barras e Tallien, e Fréron e Legendre, Thuriot e Merlin de Thionville, os quais representavam a tradição dantonista e que agora encontravam em sua política de clemência um caminho fácil para a popularidade e o poder. Nove de termidor foi a vitória dos "Indulgentes" sobre os Puritanos, à qual se seguiu um relaxamento da tensão moral que tornou impossível a manutenção do Terror. Por quase um mês, o Comitê de Salvação Pública manteve precariamente sua autoridade, mas os decretos de 7 de frutidor (24 de agosto) destruíram todo o sistema da ditadura revolucionária ao liberar as doze comissões executivas de sua dependência do Grande Comitê e, ao mesmo tempo, eliminar ou reorganizar os Comitês de Vigilância que haviam sido os órgãos locais do Terror. Pouco depois, em 1.º de setembro, a própria Comuna foi eliminada e, no mesmo dia, os líderes jacobinos remanescentes, Billaud, Collot e Barère, forçados a renunciar aos seus cargos no Comitê de Salvação Pública diante da hostilidade crescente da Reação Termidoriana.

Foi em vão que os jacobinos de Marselha clamaram que o "Monte Sinai" trovejasse como antigamente e que Billaud-Varenne declarara que o leão não estava morto, apenas dormindo, e que iria acordar e destruir seus inimigos. Eles não lidavam mais com a flácida oposição constitucional dos *feuillants* e girondinos, mas com homens que treinaram na escola dos *cordeliers* e da Comuna Revolucionária e eram capazes de enfrentar os jacobinos com suas táticas de intimidação e ação direta. Assim como nos primeiros dias da Revolução eles mobilizaram a turba contra os aristocratas, agora Fréron e seus amigos mobilizaram a burguesia contra os jacobinos e encheram a cidade com gangues de dândis truculentos que expulsaram os *sans-culottes* das ruas. Mais uma vez, como nos velhos tempos, os cafés do Palais-Égalité (outrora Palais-Royal) ficaram repletos de multidões barulhentas, e velhos e bravos demagogos orleanistas se arrastaram para fora de suas prisões e esconderijos para se juntar à refrega. Foi Sainte-Huruge quem liderou o ataque ao Clube dos Jacobinos na noite de 19 de brumário como antes liderara a turba para as Tulherias em 20 de junho – "Je suis Sainte-Huruge, c'est moi qui ai sauvé la France".[1] Alguns dias depois, a Convenção decretou a suspensão dos jacobinos, e o grande clube, que fora a alma do Terror e havia superado a monarquia e a Assembleia Constituinte e os girondinos e os dantonistas, foi ignominiosamente fechado por Fréron e Thérésa Cabarrus com o auxílio de uns poucos policiais.

A queda dos jacobinos desencadeou o abandono do programa jacobino de igualdade social e democracia econômica, que havia inspirado Saint-Just e Robespierre, e o retorno da Revolução ao liberalismo burguês dos girondinos e da Assembleia Constituinte. A Convenção sempre fora burguesa em espírito e em origem, e agora que se via livre da ditadura da Montanha e do medo do tribunal revolucionário, ela mais uma vez encontrou seus líderes entre os representantes típicos do constitucionalismo liberal ortodoxo, como Sieyès, La Révellière-Lepeaux, Cambacérès e Boissy d'Anglas. Embora estivessem prontos para se unir aos ex-dantonistas da esquerda a fim de colocar um fim no Terror e na tirania dos Comitês, eles se consideravam, não sem razão, os verdadeiros guardiões da ortodoxia revolucionária que fora temporariamente obscurecida pelo fanatismo e pela heresia dos jacobinos. Mas, a despeito de sua força numérica, o partido do centro da Assembleia estava havia tanto tempo acostumado a seguir a liderança de uma minoria que encontrou dificuldades de se impor. Em dezembro, o retorno dos deputados girondinos que haviam sido

---

[1] Em francês, no original: "Eu sou Sainte-Huruge, fui eu quem salvou a França". (N. T.)

presos trouxe um aumento de força e de confiança, e a prisão e o indiciamento dos ex-líderes dos Comitês, Billaud, Collot e Barère, em 27 de dezembro, marcaram o último passo na reorientação política da Assembleia. Essas mudanças políticas foram acompanhadas por uma reação social que se aprofundou bastante. A queda dos Comitês foi seguida pela liquidação do regime econômico que eles haviam construído. Pois devemos lembrar que o Terror não foi apenas uma forma de repressão político-religiosa, uma inquisição jacobina; ele foi também, e acima de tudo, uma medida de defesa nacional e um instrumento de controle econômico. A Lei contra a Acumulação foi tão fundamental para o sistema terrorista quanto a Lei dos Suspeitos, e a Lei do Máximo era parte integrante dele tanto quanto a guilhotina. A impopularidade da ditadura revolucionária se devia tanto à severidade do controle econômico quanto à crueldade do sistema de justiça. Na verdade, a primeira só era tornada possível pela última e, tão logo o medo da guilhotina foi dissipado, tornou-se impossível impor o sistema de requisições, preços fixados e controle governamental dos mercados e do comércio exterior. Desde o começo da reação, em 20 de setembro, Robert Lindet, o responsável pelos assuntos econômicos sob o reinado dos Comitês, repudiou o elemento social-revolucionário do sistema de controle econômico e o defendeu apenas como uma medida necessária, mas temporária, de proteção nacional. Entretanto, o liberalismo econômico da maioria na Convenção desaprovou até mesmo essa forma limitada de controle estatal, e, aos poucos, todo o complicado sistema de regulação econômica foi abandonado, até que, no fim do ano, a própria Lei do Máximo foi abolida.

Mas, embora a restauração da liberdade econômica beneficiasse os fazendeiros e as classes comerciais, ela foi desastrosa para o consumidor e para o Estado. Os preços subiram, e a moeda, cujo valor fora parcialmente estabilizado pelo drástico sistema de controle, sofreu um processo catastrófico de desvalorização. Portanto, a hostilidade dos jacobinos e *sans-culottes* para com a reação política que se seguiu ao Termidor foi reforçada por uma onda de descontentamento popular decorrente da alta dos preços e da escassez de comida e mercadorias resultantes do abandono do controle governamental. Essa onda encontrou seu centro natural no bairro da classe trabalhadora do Faubourg Saint-Antoine, que ainda preservava as tradições da Comuna Revolucionária, embora tivesse perdido sua organização comunal e a liderança dos jacobinos e das sociedades populares. Assim sendo, as revoltas do germinal e do prairial de 1795 foram movimentos populares espontâneos aos quais faltou a liderança dos primeiros movimentos insurretos de agosto de 1792 e de maio de 1793. Os antigos líderes das seções, como Legendre, Merlin de Thionville, Bourdin de l'Oise e Tallien, estavam agora do lado do governo e agiram com vigor e decisão. Pela primeira vez, o exército foi convocado e as forças da Convenção tomaram a ofensiva contra os insurgentes. A derrota e o desarmamento do Faubourg Saint-Antoine e dos bairros da classe trabalhadora completaram a vitória da reação. Em toda a França, jacobinos e ex-membros dos comitês revolucionários foram presos e desarmados, ocorreram massacres esporádicos de ex-terroristas, especialmente em Lyon e no sul, e os líderes sobreviventes da Montanha na Convenção foram presos e julgados. Em 17 de junho, o cientista que havia introduzido o calendário revolucionário, Romme, e outros cinco deputados foram condenados à morte e, assim que deixaram o tribunal, esfaquearam a si mesmos com duas facas que passaram de mão em mão – encerrando, assim, o episódio do Terror com um gesto apropriadamente dramático.

    A reação agora tinha ido tão longe que os monarquistas recuperaram a coragem e a restauração da monarquia parecia iminente. A derrota dos jacobinos tinha, em certa medida, desacreditado o próprio ideal republicano. O país estava totalmente insatisfeito com o governo, cansado da guerra e da Revolução, e no fundo ainda era, em grande parte, monarquista. A Reação Termidoriana e a libertação dos suspeitos haviam trazido de volta à vida pública muitos ex-*feuillants* e monarquistas constitucionais, como Lavretelle e Mathieu Dumas, que olhavam para os dias de Lafayette e da Assembleia Constituinte como se eles representassem tudo o que havia de melhor na tradição revolucionária. Já em fevereiro o governo havia conciliado monarquistas e católicos ao iniciar negociações com o líder monarquista da Vendeia. Durante todo o ano de 1794, os sobreviventes do Exército Católico e Real mantiveram sua luta desesperançada em avassaladora desvantagem e em uma terra devastada. A Vendeia tinha sido varrida de uma ponta a outra pelas "*colonnes infernaux*"[2] do General Turreau, encarregadas de levar a cabo a política oficial de massacre indiscriminado, enquanto Carrier e o Tribunal Revolucionário do Oeste apoiavam seus esforços com os *noyades*[3] e pelotões de fuzilamento de Nantes. Agora Turreau estava preso e Carrier fora executado, e os indomáveis Charette e Stofflet se viram em condições de obter a paz quase nos próprios termos. A liberdade religiosa foi garantida, os padres teriam permissão para exercer seu ministério sem empecilhos e os vendeianos foram até mesmo dispensados do serviço militar e receberam uma indenização por suas perdas.

A pacificação de La Jaunaie, que se seguiu à derrota dos jacobinos e ao fim do Terror, fortaleceu as mãos dos moderados que desejavam retornar aos ideais constitucionais do início da Revolução. Os monarquistas liberais e os republicanos liberais – os feuillants e os girondinos – tinham muito mais em comum entre si do que tinham com os *émigrés* à direita ou os jacobinos à esquerda, e não parecia haver motivo para que não se aliassem para instituir um regime constitucional em nome do delfim restaurado. Mas, naquele momento, a criança desafortunadamente sucumbiu aos efeitos de mais de um ano de confinamento na solitária, e o direito de sucessão passou para

---

[2] Em francês, no original: "colunas infernais". (N. T.)

[3] Os *noyades* ("afogamentos") foram execuções coletivas ocorridas em Nantes, em 1793. A cada vez, dezenas de pessoas eram colocadas em um barco que, em seguida, era afundado no Rio Loire. (N. T.)

o Conde da Provença, o futuro Luís XVIII, líder oficial dos *émigrés* e defensor da restauração do *Ancien Régime*.

Isso, por si só, era um sério golpe na política de moderação e reconciliação, e, para piorar, foi seguido pelo passo fatal da expedição a Quiberon. O sentimento republicano era estimulado tanto pela ameaça de invasão estrangeira quanto por sua derrota, enquanto as terríveis execuções em massa que desgraçaram a vitória republicana de 5 de termidor desfizeram o trabalho do ano anterior e inflamaram a animosidade amarga dos monarquistas e moderados contra os líderes ex-terroristas, Tallien, Barras e Fréron, que abriram mão de sua reputação recentemente adquirida de clementes e conciliadores e retornaram às tradições do Reino do Terror e do Comitê de Salvação Pública.

Foi nessa atmosfera ameaçadora que a Convenção preparou a nova Constituição, a qual deveria ser a maior realização de sua trajetória acidentada. Ela havia visto a queda da monarquia e a queda da Montanha, as execuções do rei e da rainha, dos girondinos e dos hebertistas, de Danton e Robespierre, e agora seus membros sobreviventes, os homens cautelosos e medíocres do centro, os "Sapos de Março", a duras penas se propuseram a criar um novo castelo de cartas constitucional que assegurasse a estabilidade e a permanência da República. A nova Constituição era baseada nos mesmos princípios de puro individualismo liberal que tinham inspirado a Constituição de 1791 e representava uma reação incisiva à democracia totalitária de Robespierre e Saint-Just. Seu objetivo não era assegurar a soberania da vontade geral, mas, em vez disso, proteger os direitos do indivíduo e da sociedade contra seu inimigo natural, o Estado. É verdade que a Convenção não chegou ao ponto de aceitar a proposta engenhosa de Sieyès de uma assembleia legislativa que não teria permissão para falar e um "governo" sem autoridade executiva, mas foi ainda mais longe do que a Assembleia Constituinte quanto à separação dos poderes, à limitação do poder executivo, à descentralização e ao sistema de eleições indiretas. A autoridade suprema seria atribuída a um Diretório de cinco membros escolhidos pela câmara alta a partir de uma lista de cinquenta candidatos escolhidos pela câmara baixa: os deputados de ambas as câmaras seriam escolhidos por assembleias eleitorais cujos membros, por sua vez, seriam eleitos por assembleias primárias formadas por cidadãos que possuíssem propriedades com faturamento igual ao produto de duzentos dias de trabalho.

É claro que tal Constituição tinha mais chances de encontrar apoio entre os monarquistas constitucionalistas da direita do que entre os democratas da esquerda, e há poucas dúvidas de que, caso tivesse sido colocada em prática de imediato, ela teria resultado no retorno de uma maioria monarquista e, eventualmente, na volta dos Bourbon. Entretanto, a Convenção estava comprometida de forma muito profunda com a Revolução para encarar tal perspectiva com equanimidade, e embora fosse socialmente conservadora, era o mesmo corpo que havia decretado a execução de Luís XVI e a proscrição dos *émigrés*, e os regicidas perceberam que a restauração da monarquia significaria sua destruição. Além do mais, a venda das terras confiscadas da Igreja e dos *émigrés* havia tornado a nova burguesia uma parte interessada na Revolução e também seria ameaçada com uma mudança de regime. Por conseguinte, a Convenção decidiu que, independentemente das mudanças que fossem feitas na Constituição, não haveria mudança de governo, e decretou, instigada por Tallien, que 2/3 das novas assembleias deveriam ser eleitos a partir dos membros da Convenção existente.

Essa tentativa desavergonhada de uma Assembleia impopular e desacreditada de se manter no poder contra a vontade do povo supostamente representava a exasperada opinião conservadora mais do que toda violência e tirania do regime terrorista. Finalmente, os monarquistas moderados e a burguesia conservadora, que até então haviam aceitado com passividade a ditadura dos demagogos e da turba, insurgiram-se. A revolta foi em larga escala e conduzida com maior determinação do que qualquer uma de suas predecessoras, e se a Convenção tivesse se comportado como no verão de 1793, teria certamente sucumbido. Mas, de novo, os homens do Termidor vieram em socorro. Barras foi colocado outra vez no comando e agiu com vigor e decisão. Ele libertou e armou os *sans-culottes* que tinham sido presos após a revolta do prairial e reuniu os poucos soldados disponíveis do exército regular, incluindo um jovem oficial da artilharia chamado Bonaparte, que ele conhecia desde os seus dias como terrorista em Toulon. Pela primeira vez, a artilharia foi usada de forma metódica e enérgica contra os ataques das seções e, após um forte confronto que custou mais vidas do que qualquer "dia" da Revolução desde a queda das Tulherias, os insurgentes foram derrotados.

O dia 13 de vindemiário caracterizou uma vitória da Convenção, mas foi uma derrota para a política de moderação que a Convenção como um todo queria seguir. Ela significou que a nova Constituição, que deveria ser o alvará para o liberalismo burguês, foi introduzida sob os auspícios de Barras, um ditador de araque que representava os elementos mais corruptos e desonrosos dos partidos orleanista e dantonista, e que o novo governo foi forçado a perpetuar as tradições de intolerância religiosa em casa e conquista militar fora, as quais eram tão inconsistentes com seus princípios. O último ato da Convenção, em 24 de outubro, foi restabelecer a legislação contra padres e *émigrés* que era uma violação flagrante do credo liberal e uma fonte eterna de mal-estar e inquietação social. Assim, o governo do Diretório, a despeito de sua aparência constitucional, continuou sendo ao longo de sua existência uma espécie de ditadura velada que se mantinha no poder graças a uma série de *coups d'état* dirigidos contra quaisquer partidos que ameaçassem dominar as assembleias. O pendor natural de Barras para a intriga o levou a flertar com a ideia da revolução e a cultivar relações com os jacobinos remanescentes e com partidários da revolução social, como Babeuf. Carnot, por outro lado, estava ansioso para apagar sua reputação de membro proeminente do Grande

Comitê nos dias do Terror e pronto para cooperar com os constitucionalistas e até mesmo com os monarquistas moderados, a fim de assegurar a paz externa e a ordem interna de que a nação precisava e desejava. A força motriz por trás do governo não era, contudo, Barras ou Carnot, mas o advogado alsaciano Reubell, que, a despeito de seu cinismo e de sua falta de escrúpulos, era um republicano firme e alguém sinceramente devotado à causa nacional. Ele era apoiado por La Révellière-Lepeaux, um doutrinador liberal que tomara parte na elaboração da nova Constituição, porém motivado por preconceitos anticlericais e um cego temor do monarquismo a ponto de recorrer a medidas ditatoriais e inconstitucionais sempre que os conselhos davam sinais de que exigiriam uma mudança de regime.

No geral, os diretores eram consideravelmente mais capazes e, à exceção de Barras, honestos do que os historiadores costumam admitir. Por outro lado, seria difícil exagerar sua impopularidade e seu descrédito aos olhos do público, tanto na França quanto no exterior. Eles defendiam os interesses manifestos da Revolução em vez dos ideais revolucionários que os jacobinos sustentaram durante todos os horrores do Reino do Terror. Robespierre e Saint-Just, sem dúvida, demonstraram menosprezo bem mais impiedoso para com a opinião da maioria e para com a vida e propriedade de seus concidadãos, mas eles estavam prontos para sacrificar a própria vida, bem como a de todos, para a concretização da nova ordem de igualdade e virtude. O governo do Diretório, por sua vez e à semelhança dos jacobinos e monarquistas, parecia a exploração da Revolução conforme os interesses de uma classe. Era o governo dos que tinham lucrado com a Revolução, dos políticos bem-sucedidos, dos *nouveaux riches*, dos homens que investiram em propriedades e ficaram ricos com a depreciação dos *assignats*. Pois o colapso da moeda é o fato central que domina toda a história social do período entre a queda de Robespierre e a chegada de Napoleão. A seu modo, foi um evento não menos revolucionário que a própria queda da monarquia, posto que completou a dissolução da ordem corporativa tradicional e provocou uma completa redistribuição de riqueza e uma mudança dos parâmetros sociais. Do turbilhão de inflação, especulação e falências emergiram novas classes e novos tipos sociais que, em larga medida, determinaram o caráter social da França do século XIX. Isso não só completou a destruição das velhas ordens privilegiadas que já haviam sido liquidadas pela reforma da Assembleia Constituinte, como arruinou os rentistas e a velha alta burguesia, que representavam muito do que havia de melhor na cultura e nas tradições da França do século XVIII. O lugar foi tomado pela classe dominante dos *self-made men* que se assemelhavam aos *self-made men* da Revolução Industrial, com seu individualismo grosseiro e sua indiferença às motivações não econômicas, mas eram ainda mais inescrupulosos na escolha dos métodos e em seus padrões de moralidade comercial, uma vez que deviam sua riqueza não à indústria e ao comércio, mas à Revolução e à guerra. Como Vandal escreveu, "em meio à confusão geral dos negócios e transações, um negócio imenso continuou a prosperar – a própria Revolução", de tal forma que um vasto e complicado sistema de interesses, que crescera no decorrer dos sete anos da Revolução, havia se tornado o principal fator para manter o movimento revolucionário em vigor.

O contraste resultante entre realidades e ideais – entre a Revolução como religião e a Revolução como negócio – inevitavelmente produziu a desilusão e a desmoralização que marcam o período do Diretório. Os homens se perguntavam se todo o sangue derramado e todos os sofrimentos e sacrifícios que suportaram tinham servido apenas para entronizar Barras e Madame Tallien[4] no lugar de Luís XVI e Maria Antonieta e enriquecer as hordas de especuladores e aproveitadores que faturavam, enquanto o povo perecia. Mas, enquanto a maioria perdia a fé na Revolução e se refugiava no cinismo

---

[4] Madame Tallien é Thérésa Cabarrus, já citada. (N. T.)

e na apatia, ainda restavam uns poucos idealistas impenitentes que se recusavam a desistir de seu sonho de um novo mundo e persistiam em seus planos de regeneração social. Eles olhavam com arrependimento para os dias da Comuna e do Reino do Terror, quando o poder da riqueza foi mantido sob controle pela mão pesada do Comitê de Salvação Pública e foi feita uma tentativa real de colocar os ideais da social-democracia em prática. Muitos deles, é verdade, tinham tomado parte da Reação Termidoriana e se alegrado com a queda de Robespierre, mas agora percebiam que, ao destruir Robespierre, tinham arruinado a própria causa. Aos seus olhos, o verdadeiro fim da Revolução não era a liberdade individual, mas a igualdade social, e para atingir esse fim era necessário ir ainda mais longe no caminho traçado por Robespierre e Saint-Just, atacando a raiz da desigualdade social – o direito à propriedade. Desse modo, surgiu ali o primeiro movimento genuinamente socialista dos tempos modernos – a Conspiração dos Iguais –, que, como insistiu Espinas, não foi um episódio excêntrico ou acidental na história da Revolução, mas a culminação lógica e a última expressão do jacobinismo.

Seu líder, "Gracchus Babeuf",[5] era, como Robespierre e Saint-Just, um nativo da Picardia e havia adquirido seus ideais comunistas antes da Revolução, com Dubois de Fosseux, secretário da Academia de Arras, da qual o próprio Robespierre fora membro. Mas sua originalidade consistia não na adoção do comunismo utópico de Morelly e Mably, mas no fato de ser o primeiro a tecer uma relação entre o comunismo abstrato e as realidades concretas da situação revolucionária. Ainda nos primeiros anos da Revolução, ele já demonstrava simpatia pela causa da revolução social e se relacionava com

---

[5] Entre aspas no original. Seu nome verdadeiro era François Nöel Babeuf. Adotou Gracchus (Graco) em homenagem à família da República Romana que, no século II a.C., teve papel de destaque nas lutas sociais do período, especialmente pela atuação dos irmãos e tribunos da plebe Tibério e Caio Graco. (N. T.)

os líderes da extrema esquerda, como Chaumette, Fouché, Garin e Fournier, "o Americano", mas foi só depois do Termidor que começou a assumir um papel proeminente no movimento revolucionário como porta-voz do grupo dos ex-hebertistas e *enragés* que se reuniam no clube do *Evêché*.[6] Dali em diante, a despeito de suas constantes prisões, ele levou a cabo uma propaganda incessante para sublevar o proletariado e organizar o que chamava de uma "Vendeia plebeia". A frase é significativa, pois assinala a importância que ele atribuía à ideia da guerra de classes. "Qual é a natureza da revolução", perguntava, "especialmente da Revolução Francesa? É uma declaração de guerra entre patrícios e plebeus – entre ricos e pobres."[7] A guerra de classes não era algo novo, ela sempre existira, era o resultado inevitável da desigualdade econômica inerente à instituição da propriedade. A revolução era simplesmente a guerra de classes surgindo da consciência política e rompendo as barreiras legais e institucionais nas quais fora confinada.[8] E, uma vez que a Revolução Francesa tinha mostrado quão frágeis eram essas barreiras e quão fácil era destruir em um átimo abusos profundamente enraizados havia séculos, por que uma exceção deveria ser feita ao abuso mais inveterado de todos? Havia chegado o momento de pegar o mal social pela raiz, destruindo de uma vez por todas a instituição da propriedade na qual repousa todo o edifício da injustiça e da desigualdade.[9]

Essas ideias foram desenvolvidas por Babeuf em um momento no qual o liberalismo econômico do partido dominante na Convenção encontrava expressão na abolição do sistema de controle econômico e na instituição de uma concessão de propriedades aos eleitores sob a nova Constituição. Aos olhos de liberais como Pierre du Pont de

---

[6] Em francês, no original: "Bispado". (N. T.)
[7] *Le Tribun du Peuple*, n. 34.
[8] Ibidem.
[9] Resposta de *The Tribune of the People* a P. A. Antonelle.

Nemours, os donos de propriedades eram os verdadeiros soberanos "pela graça de Deus e da natureza" de seu trabalho e do trabalho de seus ancestrais, posto que, sem o seu consentimento, os não proprietários não poderiam obter comida ou abrigo. Tais ideias eram toleráveis aos contemporâneos de Quesnay e Turgot, que consideravam a terra a única fonte de riqueza e o camponês o cidadão típico, mas elas se tornaram monstruosas para homens que tinham sido arruinados pela catástrofe irracional da inflação e que viam a riqueza não como uma recompensa pelo labor, mas como o butim de aventureiros políticos e especuladores inescrupulosos. Por conseguinte, Babeuf teve pouca dificuldade para mobilizar aqueles que ainda tinham fé no ideal jacobino de democracia integral para o seu programa de igualdade econômica, e quando a conspiração foi lançada, na primavera de 1796, ela tinha o apoio ou a simpatia de quase todos os adeptos sobreviventes da Montanha, fossem robespierristas como Antonelle e Darthé e Simon Duplay, ou termidorianos da esquerda como Robert Lindet, o ex-membro do Comitê de Salvação Pública, e Amar e Vadier, este do Comitê de Segurança Geral. Todavia, era um grupo sem exército, e a conspiração falhou por completo.

A revolução econômica foi, de fato, a conclusão lógica do movimento jacobino e também da própria Revolução. Mas as ideias perderam a força. O proletariado, a despeito ou por causa de seu sofrimento, havia perdido a fé na ação revolucionária, e a burguesia temia mais o retorno do Terror que a volta da monarquia.

PARTE III

O Impacto da Revolução

Capítulo 9 | A Religião e o Movimento
Romântico

O renascimento da religião que se seguiu à Revolução Francesa não ficou restrito a um único país ou a uma única Igreja. Foi comum aos povos latinos e germânicos e aos países católicos e protestantes. De fato, ele se fez sentir muito além dos limites da cristandade organizada e gerou uma tendência religiosa em movimentos sociais e intelectuais dos mais diversos tipos, ainda que aparentemente houvesse uma revolta contra tudo o que fosse ortodoxo e tradicional, na esfera religiosa ou na moral. O cristianismo, que fora relegado por Voltaire aos estábulos e à área de serviço, foi trazido de volta à corte e ao salão, e mesmo aqueles que o rejeitavam, não o faziam mais da maneira desdenhosa e presunçosa do homem do Iluminismo. Talvez o exemplo mais marcante disso tenha sido a atitude de Auguste Comte, cuja negação de toda validade metafísica da fé religiosa não evitou sua aceitação total da moral e da tradição ritual do catolicismo cristão como elementos essenciais na vida espiritual da humanidade. Assim temos, por um lado, uma série de pensadores religiosos que representavam o movimento de renascimento dentro dos limites da cristandade organizada – homens como o Conde Joseph de Maistre, Maine de Biran, Ballanche, Lamennais e Ladordaire na França, Coleridge e Newman na Inglaterra, Möhler e Göres na Alemanha, e Kierkegaard na Dinamarca – e, por outro, uma série de nomes não menos eminentes que se fixaram fora das fronteiras da ortodoxia cristã e tentavam erigir um novo edifício religioso sobre bases humanitárias ou idealistas – como Saint-Simon, Leroux, Comte, Bazard e Guinet na França, e Fichte e Hegel na Alemanha.

O renascimento da crença religiosa ou, pelo menos, do respeito pela religião é ainda mais espantoso quando contrastado com as perdas externas que a religião havia sofrido no período precedente. Na destruição material de monastérios e igrejas, no confisco de propriedades e na revogação de privilégios, a Era das Revoluções superou, e muito, a da Reforma; foi, na verdade, uma segunda Reforma, mas francamente antirreligiosa. Em toda a Europa, o *Ancien Régime* se baseara em uma união tão estreita entre Igreja e Estado que qualquer revolta contra o sistema político envolvia uma correspondente contra a Igreja estabelecida. Além do mais, a Igreja estava particularmente despreparada para tal enfrentamento, pois havia mais de um século e meio – primeiro nos reinos dos Bourbon e em Portugal, e depois nos domínios alemães e austríacos – que a política do despotismo esclarecido estava em funcionamento, relegando a Igreja a uma completa dependência do poder secular. Os príncipes e estadistas que levaram essa política a cabo – Choiseul na França, Pombal em Portugal, Florida Blanca na Espanha, e José II e Leopoldo II na Áustria – eram, eles próprios, discípulos de filósofos e, em alguns casos, animados pelo mesmo espírito que inspirou a campanha de Voltaire contra o cristianismo. Contudo, não era a intenção deles destruir a Igreja, mas, em vez disso, torná-la parte da engrenagem do novo Estado burocrático – e limitar suas funções a uma educação institucional cujo propósito era tornar os homens cidadãos úteis e obedientes. Esse ideal foi concretizado de forma mais completa pelo imperador José II, que se propôs a racionalizar e socializar a Igreja em seus domínios com meticulosidade teutônica. Nenhum detalhe de uso eclesiástico era muito pequeno para escapar à sua regulação minuciosa, e esperava-se que os padres supervisionassem a economia rural bem como a moral em suas paróquias. E, enquanto na Áustria a Igreja era assim reformada por um despotismo esclarecido, que se inspirava nas ideias racionais e progressistas da maçonaria do século XVIII, toda espécie de abuso continuava a reinar no resto da Alemanha. Nada poderia ser mais sombrio do que o retrato que o núncio papal, cardeal Pacca, pintou da Renânia católica perto do fim do século. Os bispos do príncipe levavam uma vida totalmente secular e dilapidavam os recursos das dioceses com suas cortes e amantes. Dos príncipes-eleitores de Mainz, primazes[1] da Alemanha, Ostein era amigo de Voltaire, Erthal era patrono do neopagão Heinse, e as coisas não foram melhores na arquidiocese de Colônia na maior parte do século XVIII, ainda que o melhor príncipe-eleitor, o arquiduque Maximilian, fosse um "déspota esclarecido" bem-intencionado, do mesmo tipo que seu irmão, José II.

Mas, debaixo da corrupção das altas esferas, a fé das massas continuava mais forte do que nunca. Quando Pacca viajou pela Renânia, os camponeses acorreram aos milhares, velhos e crianças, para receber o sacramento da crisma, cuja administração os próprios bispos negligenciaram por décadas. E quando o poder dos príncipes-eleitores colapsou diante dos exércitos da Revolução, aliviou-se a tensão que existia na Igreja alemã entre o catolicismo tradicional das massas e as inovações dos prelados esclarecidos.

No entanto, o resultado prático das guerras revolucionárias e de toda a secularização que se seguiu ao Tratado de Lunéville[2] foi deixar

---

[1] Segundo o *Houaiss*, primaz era "um prelado católico que possuía jurisdição sobre determinado número de arcebispos e bispos". Os príncipes-eleitores (*Kurfürsten*) eram membros do colégio eleitoral do Sacro Império Romano-Germânico, responsáveis (a partir do século XVI) por eleger o imperador. Extremamente respeitados, eles eram escolhidos entre os mais proeminentes proprietários de terras do império. (N. T.)

[2] Firmado em 1801 entre a república francesa e o Sacro Império Romano-Germânico. Entre outras coisas, colocou fim à Segunda Coligação e, em virtude disso, apenas a Grã-Bretanha continuou em guerra contra a França. A paz perduraria até 1805, quando os austríacos e Napoleão Bonaparte entraram em conflito. (N. T.)

a Igreja Católica na Alemanha mais fraca e à mercê do poder secular do que nunca. A velha ordem estava destruída, mas ainda não havia uma nova vida para tomar seu lugar; e os líderes do clero, como Wessenburg e Dalhberg, ainda eram influenciados por ideias josefinas.[3]

Na França do fim do século XVIII, a situação parecia ainda mais grave, uma vez que fora lá que a propaganda racionalista do Iluminismo fizera mais progresso entre as classes instruídas, e a tormenta da Revolução produzira seus efeitos mais destrutivos. Não foi apenas questão de privar a Igreja de seus recursos e sujeitá-la ao poder secular, como a Constituição Civil do Clero decretou em 1790; a questão rapidamente chegou a um ponto que envolvia apostasia e perseguição às claras. Padres e freiras foram executados aos montes, deportados e exilados aos milhares. Em 1795, até mesmo o clero constitucional, que havia aceitado a nova ordem e renunciado a qualquer dependência de Roma, estava reduzido a um estado lastimável: dos 82 bispos, cerca de 24 tinham renunciado às suas funções episcopais e em torno de 15 tiveram permissão para se unir a Grégoire, o bispo constitucional de Blois, quando ele tentou restaurar as ruínas da Igreja Galicana.

Contudo, a própria violência da tormenta revelou o poder das forças religiosas que o século XVIII havia ignorado. A perseguição em si fez muito para restaurar o prestígio da religião e do clero ao investi-lo de uma aura de martírio. Se era difícil levar a sério a religião dos abades frívolos e bem-vestidos do *Ancien Régime*, dava-se justamente o oposto com homens como o *Abbé* Pinot, que subiu ao cadafalso feito um padre indo ao altar em suas vestes eclesiásticas e com as palavras "*Introibo ad altare Dei*" nos lábios. O efeito de coisas assim

---

[3] O josefismo ou josefinismo diz respeito a uma série de ideias de cunho político introduzidas no reinado de José II (1741-1790). Tais ideias mudaram as relações entre a Igreja e os Habsburgo. Conforme essa visão, a Igreja só teria autoridade moral sobre os fiéis, de tal forma que as questões territoriais e administrativas seriam de responsabilidade do Estado secular. (N. T.)

era, de fato, oposto ao que queriam os jacobinos. Cinquenta anos antes, quando o conformismo religioso era imposto por lei e as pessoas eram obrigadas a apresentar certificados de confissão, a nova geração cresceu como infiel: mas agora que as igrejas estavam fechadas e o clero "refratário" rezava missas em segredo, correndo risco de morte, a religião adquiriu um novo sopro de vida e a *nova* geração – a geração de Lamennais e do Cura de Ars – se voltou para o cristianismo com um entusiasmo e uma convicção que, no século anterior, só seriam encontrados entre metodistas e moravianos.

Desse modo, a Revolução, que era a filha do Iluminismo, também se revelou sua destruidora. O racionalismo filosófico do século XVIII era produto de uma sociedade altamente civilizada e privilegiada que foi varrida pela catástrofe do *Ancien Régime*. Nos salões de Madame de Pompadour, Madame du Deffand ou Madame Geoffrin, era fácil acreditar que o cristianismo era uma superstição que se espalhara e que nenhum homem razoável levaria a sério. Mas os mesmos homens e mulheres se sentiram bem diferentes quando a brilhante sociedade que tinham adorado no templo de Voltaire foi dizimada pela guilhotina e espalhada aos quatro ventos. Muitos deles, como Chateaubriand, recuperaram a fé no cristianismo graças ao estresse do sofrimento pessoal e da privação, e mesmo aqueles que não recuperaram a fé em Deus, perderam a fé no homem e na lei do progresso que era característica da época anterior. O racionalismo floresce melhor em períodos de prosperidade e sociedades protegidas; ele encontra poucos adeptos entre os desafortunados e derrotados.

O curso da Revolução foi igualmente fatal para as esperanças de todos os partidos. Parecia que o destino tinha determinado a explosão do vazio de toda espécie de idealismo pela destruição de tudo o que havia de melhor na França e permitido apenas que os elementos mais vis – os Barras e os Fouchés – sobrevivessem e prosperassem. Houve aqueles para os quais esse senso de malignidade do destino veio como a força de uma revelação pessoal. Um dos escritores que emigraram da França descreveu, em uma passagem notável, como isso lhe aconteceu quando fazia a terrível marcha pelo congelado Zuiderzee com o derrotado exército inglês, em 1796. Enquanto marchava sobre o gelo, ele sentiu todas as ilusões do Iluminismo se distanciando sob a luz fria das estrelas de inverno, até perceber, com um lampejo de ofuscante convicção, que toda a sua vida até ali se baseara em uma mentira. Uma experiência similar ocorreu com várias das mentes mais distintas da época, em muitos lugares diferentes.

Nenhuma resposta mais terrível poderia ser oferecida ao otimismo fácil da era de Luís XVI do que os 25 anos de revolução e guerra, de 1790 a 1815, e não surpreende que as mentes mais sensíveis que contemplaram esse longo espetáculo de miséria humana tenham sido levadas não só a renunciar às suas ilusões, como a questionar os princípios que fundamentavam todo o seu pensamento. Em muitos casos, por exemplo, com Senancour, autor de *Obermann* (tão bem conhecido por nós graças aos poemas de Matthew Arnold), ou Mallet du Pan, ou o jovem Chateaubriand, essas dúvidas encontraram expressão em um fatalismo pessimista que não deixava espaço para o esforço humano. Houve alguns, contudo, que viram nas desilusões e tragédias da Revolução a chave para uma nova filosofia da sociedade, dramaticamente oposta à do Iluminismo.

O principal representante dessa tendência foi Joseph de Maistre, um dos pensadores e escritores mais originais e brilhantes de seu tempo, e uma das influências mais importantes na formação do pensamento francês do início do século XIX. Seu estilo era o instrumento perfeito de seu pensamento. Em evidente contraste com a doçura luxuriante e enjoativa de Chateaubriand e seus seguidores, possuía o impacto do aço nu e a força e a destreza do espadachim. Ele, contudo, de forma alguma era insensível ao novo apelo do romantismo, revelado em passagens excepcionais, como a famosa e adorável descrição da noite de verão no norte e das canções dos barqueiros russos do Neva que abrem *Les Soirées de St. Pétersbourg*.

Embora pertencesse à geração pré-romântica, foi só depois da Restauração que sua influência foi sentida por inteiro, fato decorrente das circunstâncias de sua vida. Ele havia passado todo o período desde a Revolução até a Restauração no exílio, em sua maior parte na Rússia, como o embaixador falido de uma dinastia exilada – Saboia –, pois Maistre, embora homem de cultura e expressão francesas, nunca foi um cidadão da França. Mas o isolamento intelectual e a falência material que marcaram toda a sua carreira só serviram para fortalecer a quase fanática singularidade de propósito e a força da convicção que caracterizavam seu pensamento. Sob a aparência de um diplomata e homem do mundo, ele possuía o espírito de um profeta hebreu e, de fato, o problema que o preocupava era fundamentalmente o mesmo confrontado por Jó e Jeremias – o problema do sofrimento e do mal e da justificação dos obscuros propósitos de Deus na História. Os homens do Iluminismo viveram na superfície da vida. Eles rejeitaram a própria ideia de mistério e fizeram de tudo para eliminar e ignorar tudo o que fosse irracional e obscuro; eles explicavam o problema da existência pela negação de que houvesse um problema para explicar. Maistre, por outro lado, concentrou sua atenção no outro lado da vida e fez do sofrimento e do mal no mundo as chaves para compreendê-lo.

A insistência nos aspectos sombrios da vida fez com que Maistre ganhasse a fama de pessimista, fatalista e inimigo da humanidade, e ela era sem dúvida chocante para os homens criados no otimismo fácil do pensamento do século XVIII. Mas Maistre teria retrucado que uma filosofia que ignora essas coisas ignora a substância da realidade. Guerra e revolução não são acidentes infelizes, elas são a própria textura da mudança histórica. Elas não são o resultado do livre-arbítrio dos indivíduos. Os homens que parecem responsáveis, tanto os vitoriosos quanto as vítimas, nada mais são do que instrumentos de forças impessoais que se movem para determinado fim por caminhos que ninguém pode prever. A sociedade não é um número de indivíduos que conscientemente decidiu se unir pela felicidade maior da maioria, é uma corrente viva cuja superfície pode ser parcialmente iluminada pela luz vacilante da razão, mas que brota de fontes subterrâneas e flui para um mar desconhecido. Nesse fluir incessante, nesse turbilhão de forças no qual todas as coisas passam e, no entanto, continuam as mesmas, como é possível distinguir a causa do efeito e os meios do fim? E se é esse o caso no decorrer da História, é assim sobretudo em tempos de revolução, quando a corrente da mudança subitamente aumenta seu ímpeto e varre toda e qualquer instituição estável do caminho. Homens sensatos e tolos, heróis e vilões, todos contribuem para o seu sucesso, quer se oponham, quer tentem usá-la para seus fins particulares. Os próprios homens que parecem liderar e dominar são ferramentas passivas nas mãos dos eventos, e são destruídos e jogados fora quando sua hora já passou. Esse espetáculo da impotência humana para mudar o curso da História não leva Maistre ao fatalismo ou ao desespero. Na força misteriosa que carrega os homens feito galhos em uma avalanche, ele vê o poder de Deus, que destrói para criar e apaga para escrever de novo.

"A Revolução não era um evento", ele escreveu ainda em 1794, "era uma época na história da humanidade",[4] as dores do parto de uma nova era. E seu significado real não pode ser encontrado em ideais conscientes, como na Declaração dos Direitos do Homem, que não passava de uma abstração vazia ocultando a evolução real dos eventos com uma espécie de miragem racionalizada; o significado seria encontrado em um plano muito mais profundo de enormes mudanças espirituais das quais a mente contemporânea ainda estava inconsciente. "O que estamos testemunhando", continua ele, "é uma revolução religiosa; o resto, por imenso que pareça, não passa de um apêndice."

---

[4] Carta a Madame de Costa, em G. Goyau, *La Pensée Religieuse de J. de Maistre*, p. 88.

Em outra obra, afirma:

Parece-me que qualquer filósofo de verdade deve escolher entre duas hipóteses: ou que uma nova religião está em processo de formação ou que o cristianismo será renovado de algum modo extraordinário.

Essa conjectura só será desdenhosamente rejeitada por aqueles homens míopes que acreditam que só é possível aquilo que eles veem. Qual homem na Antiguidade poderia prever o sucesso do cristianismo em seu começo? Como, então, sabemos que uma grande revolução moral já não começou?[5]

Maistre considerava a Revolução um fogo purificador no qual as forças do mal eram empregadas contra a sua vontade e sem o seu conhecimento por agentes da purificação e da regeneração; assim, ele acreditava que a França e a monarquia francesa reemergiriam mais fortes do que nunca depois que o Terror e as guerras da Revolução realizassem o seu trabalho; assim, também, ele acreditava que a destruição da Igreja Galicana e do sistema eclesiástico do *Ancien Régime* pelas mãos dos inimigos da religião era um passo necessário rumo à restauração da unidade da cristandade e da liberdade e universalidade da Igreja. De fato, esse ideal era a maior preocupação da mente de Joseph de Maistre desde a juventude, quando, em 1781, na época do Congresso Maçônico de Wilhelmsbad, ele instou Fernando de Brunswick a transformar a Ordem dos Franco-Maçons em uma sociedade pela união das igrejas, até a velhice, quando era o líder intelectual do ultramontanismo.[6] Por mais intransigentes que fossem suas posições, e por mais inflexível que fosse sua ortodoxia, Maistre estava sempre pronto para reconhecer os "sinais dos tempos", fosse na maçonaria e no Iluminismo,

---

[5] *Considérations sur la France.*

[6] Movimento católico que procurou enfrentar o galicanismo, o josefinismo, o febronianismo e o conciliarismo, os quais, de uma forma ou de outra, advogavam a subordinação da Igreja à autoridade estatal. O nome do movimento tem origem na expressão latina *"ultramontanus"*, "além das montanhas", isto é, dos Alpes, observando Roma e o papa como as referências principais. (N. T.)

fosse na Revolução Francesa ou na Santa Aliança, cujas fragilidades ele percebeu por completo. Todas elas eram, em sua cabeça, fases da grande revolução religiosa que era inevitável e já estava bem avançada. "É a sua função derreter o metal, depois o estado será moldado."[7] "Todos os nossos planos", ele escreveu em 1809, "desaparecem como sonhos. Eu preservei o máximo que consegui a esperança de que os fiéis serão chamados para reconstruir o edifício, mas me parece que os novos trabalhadores avançam na profunda obscuridade do futuro e Sua Majestade, a Providência, diz: 'Eis que faço novas todas as coisas'."[8]

Claro que a filosofia da História de Maistre não é assim tão cristã. Havia certo elemento hindu ou budista nela – a História é regida por uma lei impessoal de retribuição ou carma. Cada desejo ou ato vil produz um inevitável fruto de sofrimento – os inocentes pagam pelos culpados, mas a História mostra que o pagamento total deve ser feito. A única saída desse círculo de culpa e sofrimento reside no desapego e na aceitação voluntária do sofrimento.

E essa visão da História como um processo supra-humano que transcende os anseios e ideias dos homens, os quais aparentemente eram os seus fazedores, influenciaria todos os pensadores da geração seguinte em ambos os campos – de um lado, os fundadores do socialismo e do positivismo, como os saint-simonianos, especialmente Bazard e Comte; de outro, os fundadores do catolicismo liberal, como Lamennais e sua escola, e os católicos conservadores, como Donoso Cortes.

Mas, em sua época, Maistre era uma figura isolada, de pé entre "dois mundos, um morto e outro incapaz de nascer". Ele não pertencia ao século XVIII nem ao século XIX, tampouco ao Iluminismo ou ao movimento romântico. Contudo, embora esse simples e austero cavalheiro do *Ancien Régime* tivesse pouco em comum com o espírito indisciplinado, emotivo e instável do romantismo, há um curioso

---

[7] Carta ao Conde de Vallaise, outubro de 1815 (*Oeuvres*, XIII, p. 163-64).

[8] *Oeuvres*, X, p. 405-06.

paralelo entre o seu pensamento e o dos líderes do movimento romântico. Esse paralelismo é visto com mais clareza no ensaio sobre *Europa ou Cristandade* escrito pelo jovem Novalis em 1798, apenas dois anos depois de Maistre escrever *Considerações sobre a França*. A despeito de suas origens protestantes, Novalis exalta o ideal religioso da Idade Média e condena a Reforma por sua tentativa sacrílega de dividir a indivisível Igreja e aprisionar a religião dentro de fronteiras políticas. Como Maistre, ele considera a Reforma a fonte do racionalismo e do livre-pensamento, os quais encontram sua culminação no trabalho da Revolução. Ao mesmo tempo, ele vê na Revolução a aurora de uma nova era e compartilha da crença de Maistre de que os sinais dos tempos apontavam para uma grande renovação espiritual que levaria a Europa de volta à unidade religiosa. Todos os primeiros românticos foram inspirados pela mesma consciência de uma iminente revolução espiritual, todos eram inimigos do Iluminismo e admiradores do catolicismo medieval, e muitos deles, como Friedrich e Dorothea Schlegel, Adam Müller, Zacharias Werner, Franz von Baader, Görres e Clemens Brentano, encontraram seu lar espiritual na Igreja Católica.

Seria um erro, é claro, ignorar a existência de um elemento protestante no movimento. Schleiermacher, talvez a maior influência na formação do pensamento religioso protestante no século XIX, era amigo dos Schlegel e intimamente associado com as origens do movimento, ao passo que, anos depois, o pensador protestante mais original do século XIX, o dinamarquês Søren Kierkegaard, era um verdadeiro romântico, a despeito de seu isolamento e de sua hostilidade para com tudo o que Schleiermacher defendia.

Apesar disso, a opinião contemporânea segundo a qual o romantismo foi um movimento catolicista não é injustificada. A tendência é vista com maior clareza anos antes da conversão dos Schlegel, nos escritos dos primeiros românticos, como Wackenroder e Novalis, que nunca se tornaram católicos e cuja admiração não era, de modo algum, inspirada por razões propagandistas.

Já me referi ao notável panegírico de Novalis ao catolicismo medieval e sua crítica à Reforma, e da mesma forma Wackenroder iniciou, em 1797, o retorno à religiosidade da Idade Média por meio da arte medieval, que se tornou tão típico do renascimento católico no século XIX. Essa tendência católica, denunciada por Heine e pela jovem escola alemã como um mero sentimentalismo reacionário, fez muito para tornar o romantismo impopular na segunda metade do século XIX, como vemos nos célebres volumes de Georg Brandes, *O Movimento Romântico na Alemanha* (1873), os quais, não obstante sua competência, são influenciados por um rancor quase sectário. Na realidade, contudo, o elemento religioso no romantismo, seja católico ou não católico, é muito mais profundo do que o apelo estético superficial. Ele tem suas raízes nos princípios fundamentais do movimento, que diferem não só esteticamente, mas também metafísica e psicologicamente do classicismo do século XVII e do racionalismo do século XVIII.

Por trás da mudança no gosto literário e na apreciação estética, jazia uma profunda modificação nas atitudes espirituais: uma tentativa de alargar o reino da mente humana, transcendendo os limites da consciência ordinária. A consciência humana é um pequeno círculo de luz em meio à escuridão circundante. O classicista e o racionalista ficam o mais próximo possível do centro do círculo e ordenam sua vida e sua arte como se essa pequena esfera de luz fosse o universo. O romântico, contudo, não se satisfazia com essa pequena esfera. Ele procurava penetrar no segredo da grande realidade que se escondia por trás do véu da escuridão, e preferia as regiões penumbrosas que margeiam os limites da consciência à casa iluminada da razão. Desse modo, as expressões mais profundas do espírito romântico são encontradas não no culto byroniano da personalidade ou no evangelho estético da *Ode a uma Urna Grega*, de Keats, mas nos *Hinos para a Noite*, de Novalis, com sua exaltação mística da morte. Há, de fato, uma conexão decisiva entre romantismo e misticismo, pois o misticismo religioso tende a se expressar na forma de poesia romântica, como nos poemas de São João da Cruz, ao passo que o romantismo literário aspira, em seu ápice, ao ideal do misticismo religioso, como é o caso com Novalis e Blake.

Da mesma forma, a vitória do classicismo no fim do século XVII estava intimamente conectada à derrota do misticismo e foi seguida pelo que Henri Brémond, em sua grande obra sobre a história do sentimento religioso na França, chama de "la retraite des mystiques".[9] No decorrer do século XVIII, o misticismo foi banido do mundo da alta cultura e a religião da sociedade se tornou mais e mais árida e racionalista. O misticismo se refugiou nas seitas – quacres e quietistas, moravianos e metodistas, swedenborgianos e *illuminati* – ou na Europa católica, entre as pessoas comuns, onde se produziam santos como Benedito José Labré, que parecia tão fora de lugar na era do Iluminismo quanto um faquir indiano em um clube londrino. Essa separação artificial entre a alta cultura e as formas mais profundas da experiência religiosa foi descrita por Coleridge na passagem notável da *Biografia Literária*, em que ele reconhece seu débito para com os místicos.

O movimento romântico tinha suas raízes fincadas no submundo religioso, e M. Viatte mostrou, em sua obra erudita sobre *As Fontes Ocultas do Romantismo*, o quão múltiplas eram as linhas de comunicação que foram desde Böhme e os místicos do século XVII, passando por Swedenborg e Saint-Martin e Lavater, até os românticos do começo do século XIX. Por um lado, essa corrente fluiu de volta para sua fonte original na Igreja Católica, enquanto, por outro, se misturou à corrente da mudança política e social e inspirou novos movimentos revolucionários com um espírito de entusiasmo religioso e de esperança apocalíptica.

Mas o produto mais marcante dessa corrente subterrânea de influência religiosa é encontrado na Inglaterra, na pessoa de William Blake, pois aqui o enxergamos, por assim dizer, em estado puro,

---

[9] Em francês, no original: o "recuo" ou a "aposentadoria dos místicos". (N. T.)

antes que fosse incorporado pelos movimentos sociais e religiosos da nova era e quando não era ainda afetado pelo contato com o outro mundo. Blake era consideravelmente mais velho do que o restante dos românticos, não só da Inglaterra, mas também do continente. Ele pertencia mais à geração de Maistre do que à de Wordsworth e Coleridge e Novalis. Como Maistre, ele era um pensador solitário, um espírito exilado, ainda que o lugar do exílio não fosse a Rússia distante, às margens do Neva, mas à beira das águas do Tâmisa, em Lambeth. Como Maistre, ele foi um profeta que viu eventos históricos *sub specie aeternitatis*, como naquela estranha pintura de Pitt em que o anjo cavalga nas asas da tempestade, "ordenando ao Ceifador que ceife as Vinhas da Terra e ao Lavrador que are as Cidades e Torres". Porém, aqui terminam as semelhanças. Em seus princípios e suas políticas, os dois homens eram antíteses. Maistre, o católico devoto, nobre e monarquista, o apóstolo da ordem moral e da autoridade social; Blake, um homem do povo, o herético dos heréticos e o revolucionário dos revolucionários, um apóstolo da anarquia e do antinomianismo; acima de tudo, enquanto Maistre ainda tinha fé na tradição clássica da clareza de seu estilo e na lógica firme de seu pensamento, Blake superou todos os românticos em se tratando de ausência de forma e obscuridade. Ele nada sabia de lógica e não se importava com coerência. Ele considerava a razão uma inimiga da visão espiritual, e a ciência a árvore da morte. Ele erigiu mitologias vastas e nebulosas sem se dar ao trabalho de explicar seu significado ou conciliar suas contradições. Ainda assim, quem quer que tenha paciência e imaginação para segui-lo através de seu mundo estranho e visionário obterá uma percepção mais direta do processo de mudança espiritual que acontecia sob a superfície da consciência europeia do que em qualquer outro escritor. Pois Blake, diferentemente dos outros românticos, emergiu diretamente do submundo religioso e teve pouco contato com os movimentos literários de sua época. Ele foi criado como swedenborgiano, e, embora desde cedo divergisse da linha estreita da ortodoxia swedenborgiana, continuou a levar sua vida espiritual no mundo da teosofia sectária – o mundo de Lavater e Saint-Martin e Willermoz. Ao mesmo tempo, seus sentimentos revolucionários o puseram em contato com os livres-pensadores e reformadores políticos da Sociedade Correspondente de Londres e com os Amigos da Liberdade, como Paine e Godwin, e seus primeiros escritos proféticos foram diretamente inspirados pelo entusiasmo com a causa da Revolução. À primeira vista, essa fase inicial de seu pensamento parece não apenas heterodoxa, mas anticristã e antirreligiosa. A religião é a "Teia de Urizen", o Deus perverso do Antigo Testamento que escraviza a humanidade sob as leis férreas da moralidade. O Messias do novo evangelho é o Espírito da Revolução, Ore, o "Filho do Fogo" que "reduz a forte lei a pó e espalha a religião aos quatro ventos feito um livro despedaçado". Assim, o mal é a repressão: "Aquele que deseja e não age gera pestilência (...) Energia é Deleite Eterno... Pois tudo o que vive é sagrado, vida se deleita na vida: porque a alma do doce deleite não pode jamais ser profanada".

Esse evangelho da anarquia expresso nos primeiros escritos de Blake tem muito em comum com o credo dos liberais românticos e socialistas utópicos, como Godwin, Shelley e o jovem Fourier, mas já é distinto do credo revolucionário ortodoxo por sua hostilidade ao racionalismo e à filosofia empirista do século XVIII. Blake teria concordado com Maistre em sua opinião de que o "desprezo por Locke é o começo da sabedoria", e ambos atacaram a filosofia de Bacon com a mesma animosidade, como no epitáfio que Blake escreveu para Bacon:

Ó leitor contempla a tumba do Filósofo:
Ele nasceu um Tolo e morreu um Velhaco.[10]

Além disso, o progresso da Revolução desiludiu Blake tanto quanto os outros românticos. O clima dos primeiros livros proféticos

---

[10] Tradução livre do original "O reader behold the Philosopher's grave: / He was born quite a Fool and he died quite a Knave". (N. T.)

gradualmente mudou da esperança arrebatadora na nova alvorada para uma atmosfera de terror apocalíptico e trevas, culminando na *Canção de Los* e seu frontispício sombrio mostrando uma figura sem cabeça meditando sobre uma paisagem desolada.

Durante o período de sua estadia em Felpham, entre 1800 e 1803, mais ou menos na mesma época em que o romantismo alemão se voltava para o cristianismo, Blake passou por uma crise espiritual que transformou sua atitude religiosa. Em 1804, ele falou sobre ter sido por vinte anos "um escravo preso em um moinho entre bestas e demônios". "De fato, lutei contra um inferno de terrores e horrores (do qual ninguém além de mim poderia saber) em uma existência dividida; agora, não mais dividido ou em guerra comigo mesmo, eu irei com o poder do Senhor Deus, como diz o Pobre Peregrino."[11]

Esses vinte anos correspondem aproximadamente ao período revolucionário que se seguiu à sua juventude swedenborgiana, quando ele esteve sob a influência do Iluminismo representado por Godwin e Priestley e Paine. Agora ele retornava ao cristianismo, ainda que fosse um estranho cristianismo teosófico que tinha mais em comum com Böhme e Saint-Martin do que com qualquer espécie de cristianismo ortodoxo. Ele escreve:

> Não conheço nenhum outro cristianismo e nenhum outro Evangelho além da liberdade do corpo e da mente para exercitar as Artes Divinas da Imaginação – Imaginação, o Mundo Eterno e verdadeiro do qual esse Universo Vegetal não é nada além de uma débil sombra e no qual devemos viver em nossos Corpos Eternos ou Imaginativos quando esses Corpos Vegetais e Mortais não mais existirem.[12]

Mas a imaginação de Blake não é uma faculdade humana subjetiva; é o Logos Criativo e Eterno. "Imaginação é a Visão Divina, não

---

[11] Salmo 71,16: "Eu virei com o poder de Iaweh, / para recordar tua única justiça". (N. T.)

[12] *Jerusalém*, Prefácio para os Cristãos.

do Mundo, nem do homem, nem [*vinda*] do homem – como ele é um homem natural."¹³ Tampouco seu panteísmo e seu antinomianismo fizeram com que ele fechasse os olhos para o problema do mal e para a necessidade do esforço moral. Ele era igualmente hostil ao otimismo fácil dos Radicais, com seu culto ao egoísmo esclarecido, e à cruel indiferença da Igreja e do Estado.

> Ó Divino Salvador [ele reza] levanta
> Sobre as Montanhas de Albion como no tempo antigo.
> Contempla!
> As Cidades de Albion procuram tua face, Londres geme de dor
> De Colina em Colina & o Tâmisa lamenta ao longo dos vales
> As pequenas Vilas de Middlesex & Surrey padecem de fome & sede
> As Vinte e oito Cidades de Albion estendem suas mãos a ti:
> Por causa das Opressões de Albion em todas as Cidades & Vilas:
> Eles caçoam dos braços dos Trabalhadores! Eles caçoam das Crianças famintas.
> Eles compram suas Filhas para que possam ter o poder de vender seus Filhos:
> Eles compelem os Pobres a viver de casca de pão por artes brandas suaves:
> Eles reduzem o Homem à vontade: então dão com pompa & cerimônia.
> O louvor a Jeová é cantado de lábios de fome & sede!¹⁴

A intensa sensibilidade para com os sofrimentos dos pobres distingue a religião de Blake do cristianismo ortodoxo de sua época. Se seu ideal de imaginação criativa e intuição espiritual se assemelha ao dos românticos alemães, sua devoção à justiça social tem mais em comum com o socialismo utópico de Fourier e dos saint-simonianos.

---

¹³ Nota para Wordsworth.

¹⁴ Trecho da Chapa 30 de *Jerusalém*. São Paulo, Hedra, 2010. (N. T.)

Ele é uma figura isolada, sozinho entre o submundo religioso das seitas e o mundo secular da arte e da literatura contemporâneas, e não deixa discípulos para desenvolver seu pensamento numa ou noutra direção.

Mesmo assim, ele é uma figura significativa, pois reflete de uma forma altamente individual e independente o conflito espiritual que subjaz às mudanças sociais da época, as quais resultaram da insurgência de forças espirituais reprimidas pelo racionalismo e pelo moralismo iluministas. Esse movimento assumiu duas formas diferentes: por um lado, como no renascimento católico no continente e, por conseguinte, no Movimento de Oxford na Inglaterra, foi um retorno à tradição do cristianismo histórico – uma Renascença Católica –, que voltou do Iluminismo e da Reforma para a fé religiosa e a arte religiosa da cristandade medieval; e, por outro lado, foi um movimento de inovação e de mudança, que proclamou o advento de uma nova religião em harmonia com o espírito da nova era, no estilo do Novo Cristianismo dos saint-simonianos, da Religião da Humanidade de Comte ou do Nacionalismo Religioso de Mazzini. No entanto, a despeito da aparente oposição dessas duas formas, elas estavam mais intimamente ligadas do que se poderia supor. O liberalismo religioso de Lamennais se desenvolveu a partir do tradicionalismo religioso de Bonald e Maistre, Comte era um discípulo da mesma escola e emprestou as formas de sua religião do futuro da religião do passado, enquanto alguns dos principais apóstolos da Religião do Progresso, como Pierre Leroux e Buchez, avançaram para o novo cristianismo por meio do velho. A religião falhou em reconquistar e reunir a civilização europeia, como Maistre e os românticos cristãos esperavam; entretanto, ela recuperou sua vitalidade e se firmou, mais uma vez, como uma força autônoma na cultura europeia. Em comparação com o século XVIII, o século XIX, sobretudo em sua primeira metade, foi uma época religiosa.

Capítulo 10 | A Europa e a Revolução

O fato de a Revolução Francesa tentar reorganizar por completo a ordem social, como vimos nos capítulos precedentes, mostra o quão vastas eram as forças liberadas pelo impacto das novas ideias do Iluminismo. É verdade que a França estava madura para grandes mudanças sociais e políticas. O governo era fraco e ineficiente, o sistema financeiro estava falindo, o descontentamento social predominava e, acima de tudo, as classes dirigentes, que eram a força da França nos séculos anteriores, haviam sido convertidas por Luís XIV em uma classe de cortesãos, um ornamento que perdera sua função real e o contato com a nação, tornando-se um corpo parasitário que poderia ser removido sem muito prejuízo para a vida nacional. Todavia, tudo isso não é suficiente para explicar o cataclismo que de fato sobreveio. Consciência social e revoluções políticas, que na moderna Europa são tidas como certas, são extraordinariamente raras na História. Elas ocorrem apenas quando uma civilização perde sua unidade espiritual e está sofrendo um processo de transformação interior.

A sociedade francesa perdeu sua coesão interna com o colapso da cultura contrarreformista, que em sua forma galicanizada havia inspirado a civilização do *Grand Siècle*, e a Revolução foi uma tentativa de recriar essa unidade nas bases do novo pensamento do século XVIII.

Isso explica sua importância internacional, pois, onde quer que a ação diluidora do movimento iluminista francês penetrou, a Revolução despertou uma resposta simpática e seus exércitos foram recebidos como libertadores. Por um tempo pareceu que a Europa fosse recuperar, sobre essas novas bases, a unidade perdida desde o fim da Idade Média, especialmente quando Napoleão usou seus dotes supremos de conquistador e organizador para consolidar a conquista revolucionária.

Pois, ainda que a Revolução Francesa tenha sido um movimento político, não foi meramente político como a Revolução Inglesa de 1688 ou mesmo a Revolução Americana de 1776. Ela também foi uma revolução espiritual, não menos do que a Reforma, a realização prática daquela religião da humanidade que havia sido criada pelo pensamento do século XVIII. Por trás dos exércitos da Revolução e de Napoleão estavam a Declaração dos Direitos do Homem e o idealismo revolucionário. A grande série de conquistas militares alcançadas pela França foi feita em nome da humanidade e da liberdade e da igualdade. Ela começou com a solene renúncia francesa ao direito de conquista (no decreto de 22 de maio de 1790 da Assembleia Constituinte), e veio a ser encarada como uma cruzada pela liberação da humanidade contra as forças aliadas do despotismo, como se vê nos decretos de 19 de novembro e de 15 de dezembro de 1792, os quais declararam guerra às classes privilegiadas e ajuda a todos os povos que se levantassem contra seus opressores.

Mesmo inimigos da Revolução como Maistre viram nisso algo mais do que humano. Ele escreveu em 1796: "Foi dito com verdade que a Revolução governa os homens em vez de os homens governarem a Revolução. Aqueles que estabeleceram a República fizeram isso sem querer e sem saber o que faziam; foram levados pelos eventos, instrumentos de um poder que sabia mais do que eles mesmos".

Agora, o próprio Napoleão era o maior desses instrumentos da Revolução. É verdade que, de certa forma, ele desfez o trabalho da Revolução, sobretudo no que diz respeito às instituições democráticas. Mas preservou as características essenciais da nova ordem – igualdade civil, abolição dos privilégios sociais, liberdade intelectual e religiosa, e a promoção da ciência e da educação, estabelecidas numa base prática. Como ele mesmo disse: "O romance da Revolução acabou; devemos agora começar sua História. Devemos atentar apenas para o que é real e prático na aplicação dos princípios, e não para o que é especulativo e hipotético".

Se, de certo ponto de vista, seu imperialismo militarista parece a antítese do liberalismo pacifista de 1789, ele foi, por outro lado, o grande organizador do que a Revolução havia conquistado.

Por meio dele, a França se tornou o primeiro Estado Moderno com o primeiro código legal racionalizado e o primeiro sistema estatal unificado de educação. Também por meio dele, esse Estado se tornou o instrumento de modernização de toda a ordem política e social europeia.

Ele foi simultaneamente o herdeiro de Danton e de Luís XIV, e sua obra representa a readaptação da tradição política do Estado europeu às necessidades da nova cultura. Sob seu governo, a glória nacional da época de Luís XIV foi renovada e, ao mesmo tempo, a cultura científica da Era do Esclarecimento foi coroada com o trabalho de grandes cientistas franceses, como o astrônomo Laplace, o biólogo Lamarck, o químico Bertholet e Champollion, o fundador da egiptologia.

Acima de tudo, foi Napoleão quem varreu do mapa os absurdos pitorescos do Sacro Império Romano e dos trezentos pequenos estados da Alemanha que representavam os detritos do feudalismo e os resquícios das guerras religiosas. No lugar disso, ele incorporou a parte oeste da Alemanha, os Países Baixos e a Itália em um único Estado, e assim preparou o caminho para o desenvolvimento moderno da Europa e a ascensão dos novos Estados nacionais.

Contudo, essa grande realização padecia do espírito de militarismo predatório que a acompanhava. Não era uma unidade orgânica, mas uma estrutura artificial criada por um *condottiere* de gênio. Napoleão era um grande político racionalista, e sua racionalização da

Revolução destruiu o idealismo revolucionário que havia sido a força espiritual dinâmica por trás dela. Os exércitos de Napoleão podem ter livrado os camponeses alemães do fardo de um feudalismo antiquado, mas eles eram os servos de um imperialismo estrangeiro, não os missionários da liberdade internacional.

Entretanto, havia uma fraqueza ainda mais fundamental no império napoleônico, uma contradição inerente entre sua cultura cosmopolita e o nacionalismo militante dos exércitos revolucionários que o criaram. E, assim, a própria força da influência das ideias francesas tendia a provocar ideais nacionalistas similares entre os povos subjugados. Logo, os mesmos homens que foram os discípulos mais ardorosos da Revolução Francesa se tornaram os líderes e apóstolos da reação nacionalista. Isso é mais óbvio na Alemanha, no caso de homens como Arndt, Görres e Fichte, mas também percebe-se o mesmo na Itália, em um período ainda inicial, com Alfieri, e mais tarde na Inglaterra, com o panfleto de Wordsworth sobre a Convenção de Cintra, e na Espanha com o movimento nacional contra Napoleão. Por conseguinte, como Sorel salientou, a própria Revolução forneceu as armas que a destruiriam, pois os princípios invocados pelos aliados na Guerra de Libertação eram baseados no ideal revolucionário de autodeterminação, e não nos ideais estritamente legitimistas da contrarrevolução. Consequentemente, para os alemães e espanhóis e hispano-americanos, a Guerra de Libertação tinha um caráter quase revolucionário. Não era tanto uma guerra contra a Revolução, mas uma adaptação do ideal revolucionário às próprias necessidades e tradições nacionais. Como resultado disso, os liberais alemães do século XIX se espelharam em Arndt e na Guerra de Libertação, e os liberais espanhóis, nas Cortes e na Constituição de Cádis, quase da mesma forma como os liberais franceses do século XIX se espelharam na Revolução Francesa e nos princípios de 1789.

Portanto, a queda do Império Napoleônico e a restauração dos Bourbon na França e na Espanha e na Sicília estavam bem longe de marcar o fim do movimento revolucionário. O espírito revolucionário sobreviveu e encontrou expressão nos novos movimentos nacionalistas que se espalharam de uma ponta a outra da Europa como uma epidemia. Todo o período de 1789 a 1848 (ou, na verdade, de 1770 a 1870) caracteriza uma Era de Revolução. Primeiro veio a grande tormenta revolucionária da década de 1790, que varreu a Europa ocidental como uma enxurrada, destruindo a monarquia francesa e o Sacro Império Romano e "fundindo os velhos reinos em um novo molde". Mal essa enxurrada havia sido represada e canalizada na ordem imperial do sistema napoleônico, sobreveio uma nova tempestade que destruiu a elaborada estrutura construída por Napoleão e trouxe de volta as velhas monarquias, que por um tempo pareceram as defensoras dos direitos das nações. Mas, tão logo se estabeleceu a Restauração, o novo acordo europeu começou a ser perturbado por uma nova série de movimentos nacionais revolucionários que se espalharam por toda a Europa até seu centro, culminando na explosão generalizada de 1848.

Por outro lado, tivesse Napoleão sido bem-sucedido na tarefa que se impôs, a Europa ocidental poderia ter retornado à unidade política e cultural a partir da qual começara seu desenvolvimento na Era Carolíngia. Essa ideia grandiosa foi destroçada não só por ser irreconciliável com o princípio de nacionalidade, mas sobretudo por sua colisão com o único grande poder que não foi afetado pela Revolução.

Pois, enquanto a cultura do continente era transformada pelos movimentos descritos, a sociedade inglesa se desenvolvia nos próprios termos, numa direção diferente. Nos outros países, o século XVIII foi uma época de centralização política e social; na Inglaterra, a Revolução de 1688 havia destruído o poder político da Coroa e a influência social da corte, transferindo o controle de fato do Estado para as classes rurais. A Inglaterra do século XVIII era uma república de fazendeiros, administrada por uma oligarquia de grandes proprietários de terras, como os Russell, os Cavendish e os Pelham.

Os governos locais eram exercidos não por agentes oficiais do governo central, como na França, mas por juízes de paz, todos eles membros de uma mesma classe de donos de terras, a qual também controlava o Parlamento e a administração nacional. Era um sistema quase patriarcal de governo, sem polícia ou burocracia, em que praticamente inexistia a engrenagem do Estado moderno e centralizado. Tal sociedade pode parecer essencialmente retrógrada e quase que da natureza de um retorno às condições feudais medievais. Mas o predomínio agrário era compensado por um grande desenvolvimento dos interesses mercantis e monetários. Desde o tempo dos Stuart, a prosperidade nacional dependia, em grande parte, do comércio e da navegação, e a importância disso foi inteiramente reconhecida à época em que a Revolução se assentava. O novo sistema financeiro nacional, marcado pela criação do Banco da Inglaterra e da dívida nacional, fortaleceu a influência dos interesses monetários.

No decorrer do século XVIII, o progresso do comércio se deu lado a lado com o movimento de expansão colonial, e foram os interesses mercantis que levaram à construção do império além-mar, sobretudo na Índia.

A supremacia política da aristocracia rural não despertou a oposição da classe média, uma vez que esta possuía um amplo leque de opções nas quais aplicar suas energias, e também por não existir uma forte divisão, como havia no continente, entre as classes alta e média. Os filhos mais novos da aristocracia entraram nos negócios, e o sucesso no comércio possibilitou ao mercador comprar uma propriedade e se tornar, ele mesmo, um membro da classe privilegiada. Em uma sociedade tão descentralizada e que oferecia tantas oportunidades para a iniciativa individual, havia pouco espaço para projetos ambiciosos de reforma política e social, como os que ocupavam as energias dos pensadores do continente. Toda a cultura da época era individual e doméstica. Ela se expressava na arquitetura doméstica georgiana, com seu gosto sóbrio, conforto e praticidade, e na arte dos grandes retratistas ingleses, com seu delineamento de características pessoais e tipos aristocráticos individuais.

O espírito do movimento continental do Iluminismo por certo existiu na Inglaterra. Mas era restrito a um círculo limitado, a homens como Pope e Bolingbroke, Hume e Gibson, Horace Walpole e Lorde Chesterfield, que amiúde tinham um contato mais próximo com as sociedades estrangeiras do que com a mente de seus conterrâneos. O inglês comum pouco se importava com a cultura estrangeira e os princípios abstratos dos filósofos. Liberdade significava liberdade para ser ele mesmo, e assim o típico representante da cultura inglesa do século XVIII é um individualista inflexível e conservador como o Doutor Johnson, que tinha raízes profundas no solo pátrio e na tradição nacional. Acima de tudo, a vida religiosa do povo ainda era forte e recebeu um ímpeto renovado com o grande movimento wesleyano, o que é um dos fatos centrais da história do século XVIII. Enquanto Voltaire conduzia sua campanha contra a religião entre as classes mais altas do continente, os irmãos Wesley e Whitefield pregavam um intenso reavivamento da religião pessoal entre as classes média e baixa da Inglaterra e das colônias norte-americanas. Sua inspiração derivava do movimento pietista da Alemanha luterana, sobretudo dos seguidores de Conde Zinzendorf, a Irmandade Moraviana, mas as novas doutrinas caíram em um solo preparado pela tradição puritana do século XVII e adquiriram um caráter inteiramente nacional. Elas atraíram justamente as classes que, de outro modo, seriam terreno fértil para o agitador político, e canalizaram para vias religiosas as forças que, no continente, encontraram uma válvula de escape no movimento revolucionário inspirado pelo misticismo social de Rousseau. A conversão religiosa dos indivíduos tomou o lugar da revolução política da sociedade.

No entanto, o grande movimento intelectual que surgiu com Newton e Locke não cessou ou se tornou estéril em seu país de origem. Enquanto na França ele foi a fonte de uma filosofia universal da Natureza e da Humanidade, na Inglaterra era avesso a essas especulações ambiciosas e restringiu sua atividade a objetivos práticos e úteis. Nisso ele era fiel à tradição newtoniana, com sua aversão às hipóteses e sua concepção de ciência como o meio de assegurar o controle e a utilização das forças da natureza pelo homem. Por conseguinte, ao mesmo tempo que a França tentava reconstruir a sociedade a partir de princípios abstratos, os ingleses levavam a cabo uma reconstrução técnica de sua vida econômica que estava destinada a ter um efeito ainda maior no futuro da civilização europeia. A Revolução Industrial só se tornou possível pelos novos métodos matemáticos de Newton e seus predecessores, que reduziram a mecânica a uma ciência exata, e assim a civilização mecanizada da era industrial acompanhou de forma espontânea a concepção newtoniana de uma ordem mecânica da natureza. Requeriam-se também condições sociais e econômicas favoráveis para sua realização, e estas eram encontradas na sociedade empreendedora e individualista da Inglaterra do século XVIII, na qual o crescimento do comércio forneceu de imediato o capital necessário e o mercado em expansão para um grande desenvolvimento industrial. A invenção do motor a vapor, o progresso da nova usina de metalurgia e a aplicação da força mecânica e, por fim, do vapor na indústria de algodão foram os passos principais na Revolução subsequente que fez da Inglaterra a oficina do mundo e causou um enorme aumento populacional. E também isso agiu como um estímulo à agricultura, que passava por uma revolução graças à injeção de capital para o cultivo.

Ao mesmo tempo, a política econômica da nação era transformada pela nova ciência de economia política, que teve a mesma importância na história do pensamento inglês que o movimento de racionalismo filosófico teve na França. Embora seu fundador, Adam Smith, derivasse elementos consideráveis em sua doutrina do pensamento francês contemporâneo, ela era de caráter essencialmente britânico, o produto de uma sociedade protestante e individualista. Seus princípios norteadores eram a liberdade de comércio e indústria, o efeito nocivo de toda regulamentação governamental e a conveniência da livre competição com a providencial identificação dos interesses privados com as vantagens públicas. Seu desenvolvimento posterior estava intimamente ligado ao radicalismo filosófico de Bentham e aos pensamentos de Malthus e Ricardo, e foi a principal influência para o liberalismo do século XIX da Escola de Manchester que triunfou na rejeição às Leis do Milho.

O movimento teórico deu à Revolução Industrial sua filosofia e exerceu uma influência poderosa nas práticas políticas e na transformação das instituições sociais na Inglaterra. A despeito do enorme sofrimento causado pelo individualismo e pela competição irrestritos da nova ordem industrial, houve um grande incremento de poder material e prosperidade, o que possibilitou à Inglaterra, sozinha, enfrentar a Europa na era napoleônica. A França se deparou não só com a sólida organização do Estado agrário inglês, mas também com os recursos econômicos inexauríveis da nova sociedade industrial. O bloqueio continental falhou porque o próprio continente havia se tornado dependente do comércio e da indústria britânicos, ao passo que o domínio dos mares pela Inglaterra possibilitou que ela monopolizasse os mercados fora da Europa às expensas de seus rivais continentais. Portanto, a derrota de Napoleão foi uma vitória nem tanto do *Ancien Régime* e das forças europeias de reação política, mas da nova sociedade econômica, a qual era produto da nova era tanto quanto a própria Revolução Francesa.

Capítulo 11 | A Revolução e o Mundo Moderno

A história do século XIX se desenrolou à sombra da Revolução Francesa e das revoluções nacionais e liberais que se seguiram. Século de revolução política, econômica e social, século de descobertas pelo mundo, de conquistas pelo mundo e de exploração pelo mundo, foi também a grande era do capitalismo; e, no entanto, ele também viu a ascensão do socialismo e do comunismo e de seu ataque aos fundamentos da sociedade capitalista – Saint-Simon, Fourier, Proudhon, Marx, Bakunin. Quando o século começou, Jefferson era presidente dos Estados Unidos e George III ainda era o rei da Inglatera. Quando terminou, Lênin planejava a Revolução Russa.

O século XIX também foi um período de imenso progresso científico – em relação ao pensamento e mais ainda à aplicação da ciência na vida humana. Tal progresso pode parecer elementar a nós, que vivemos na Era Atômica. No entanto, foi o século XIX que deu os passos decisivos a partir dos quais tudo o mais dependeria. Pois, em 1800, em quase toda parte, a humanidade vivia como sempre vivera, na velha rotina de trabalho camponês e artesanal que havia sofrido tão poucas mudanças em milhares de anos, ao passo que, em 1900, as máquinas estavam em toda parte e pelo menos as bases de uma economia mundial e de uma ordem tecnológica haviam sido estabelecidas. Portanto, a civilização ocidental no século XIX foi transformada por dois grandes movimentos de mudança que agiram simultaneamente, a partir de dois centros distintos de origem.

Em primeiro lugar, houve a revolução política, que se originou da grande Revolução Francesa de 1789 e foi levada adiante pelas três revoluções posteriores, em 1830, 1848 e 1871, e aos poucos deixou de ser puramente política para se tornar social e socialista. E, em segundo lugar, houve a revolução tecnológica, que começou com a Revolução Industrial inglesa, no fim do século XVIII, e gradualmente se espalhou desde o Atlântico pela Europa continental com a chegada das ferrovias e fábricas e da nova metalurgia, e que pouco a pouco substituiu a velha economia agrária dos camponeses pela nova ordem urbana e industrial.

No passado, as mudanças culturais, exceto na esfera religiosa, ficavam restritas sobretudo a uma pequena minoria urbana ou aristocrata. Debaixo dessa superestrutura culturalmente ativa, a vida das massas prosseguia praticamente sem mudanças. A civilização repousava em uma subestrutura agrária e a maioria camponesa seguia seus padrões tradicionais de vida, usando as mesmas técnicas econômicas século após século.

A revolução tecnológica mudou o centro de gravidade da sociedade e da economia. A nova sociedade urbana e industrial se tornou o centro dinâmico da economia mundial e obrigou a sociedade agrária a se conformar às suas exigências. A expansão da produção mecanizada industrial estimulou a demanda por matérias-primas e, em última instância, levou à mecanização da agricultura.

Essa relação entre a nova cultura urbana e mecanizada e a velha economia camponesa é paralela à relação entre a nova cultura e as sociedades não europeias tidas como fontes de matérias-primas e que foram profundamente alteradas pelos estímulos e pressões do mercado ocidental.

Portanto, a nova ordem tecnológica causou profundas mudanças sociais. A mudança repentina na balança interna do poder e o grande aumento de riqueza e oportunidades estabeleceram um processo de intensa competição e tensão social entre indivíduos, classes e países.

O triunfo da tecnologia foi fruto do progresso científico que ocorreu na Europa Ocidental desde o Renascimento. Ele seguiu duas linhas diferentes de desenvolvimento: a tradição matemática de grandes pensadores do continente, de Galileu e Descartes e Leibniz a Lagrange e Laplace e Euler, e o empirismo experimental da escola de Francis Bacon e da Sociedade Real e de Locke na Inglaterra. Mas ambas as tradições tinham suas raízes na Escola de Oxford do século XIII, com Grosseteste e Roger Bacon, e chegaram juntas à tradição tecnológica moderna.

No entanto, somente quando essa tradição foi adotada e aplicada pelos empreendimentos e invenções da nova classe média, sobretudo a classe média protestante da Inglaterra do século XVIII, foi que os enormes efeitos econômicos e sociais da tecnologia científica se fizeram perceber. Um exemplo típico das forças que colaboraram no movimento pode ser visto na invenção do motor a vapor por Watt. A invenção seria impossível sem o apoio esclarecido dos homens de ciência da Universidade de Glasgow, com os quais Watt trabalhou. Mas não teria alcançado o sucesso sem a ajuda posterior de um dinâmico e perspicaz homem de negócios – Matthew Boulton, de Birmingham.

O movimento como um todo estava longe de ser materialista em seu espírito. Os cientistas eram inspirados pela concepção cristã-platônica de uma ordem inteligível do mundo que poderia ser interpretada ou traduzida em termos matemáticos. Os homens de negócios eram inspirados pela concepção puritana de indústria e empreendimento como ideais morais. E essas concepções foram unidas pelo idealismo liberal de filósofos da economia como Adam Smith, que acreditavam que a liberdade de comércio e conhecimento e indústria inevitavelmente serviria para aumentar a riqueza das nações e a felicidade da humanidade. Na realidade, contudo, a aplicação da ciência na vida pela tecnologia significou uma enorme expansão de riqueza e poder que rompeu com os padrões sociais tradicionais e minou os valores morais tradicionais. Foi como uma corrida do ouro, na qual o sucesso ficou com os mais fortes e inescrupulosos, enquanto os mais fracos acabaram no paredão.

A era da tecnologia, que se baseava na aplicação da tecnologia na vida, teoricamente devia ter levado a uma reorganização do mundo pela inteligência científica conforme princípios humanos e liberais direcionados ao bem comum. Na realidade, ela se tornou uma era de confusão e desordem, de exploração econômica e revolução social, de ceticismo e materialismo. Jamais, no decorrer de toda a História, as forças da estupidez, da ambição e do egoísmo humanos se manifestaram em uma escala tão vasta. Consequentemente, não surpreende que todos aqueles que tinham consciência dos valores tradicionais da cultura ocidental tenham reagido contra o mal da nova era. Assim como Burke e André Chénier e Maistre reagiram contra os excessos da Revolução Francesa, Carlyle e Ruskin também reagiram à Revolução Industrial e, enquanto representantes da tradição cristã, eles se revoltaram contra o novo dogmatismo dos cientistas e o materialismo da nova sociedade industrial.

No geral, a Igreja estava do lado dos conservadores, não só porque a velha ordem era oficial e declaradamente cristã, mas em especial porque as mudanças revolucionárias da nova ordem pareciam subverter as bases do ordenamento moral e social, produzindo um estado de desordem e desintegração.

Por outro lado, a maioria dos cientistas e tecnólogos tendia a apoiar a ideologia liberal, pois tinha consciência da hostilidade dos interesses da velha ordem e da intolerância das autoridades políticas e religiosas como os principais obstáculos ao progresso da civilização moderna.

Por conseguinte, havia um conflito entre a cultura cristã e a cultura liberal, e uma correspondência entre o cristianismo e os interesses da velha ordem, por um lado, e entre o liberalismo e os apetites egoístas da burguesia e as reivindicações revolucionárias do proletariado, por outro. No entanto, nenhuma dessas alianças era suficientemente estável para fornecer um chão comum no qual a cultura ocidental pudesse ser reunificada. Todo o período desde a Revolução Francesa até o presente tem sido caracterizado por uma luta contínua entre ideologias conflitantes; e os intervalos de relativa estabilidade – com Napoleão após a Revolução Francesa, o liberalismo vitoriano em meados do século XIX e o imperialismo capitalista sob o Segundo Império Alemão – foram todos concessões ou tréguas temporárias entre dois períodos de conflito.

A ideologia dominante no século XIX foi, sem dúvida, o liberalismo: foi o credo típico da burguesia; dos novos interesses industriais e comerciais que procuraram abolir todas as restrições à livre ação das forças econômicas; dos políticos reformistas, que advogavam o governo constitucional, a liberdade individual e a abolição das tradições feudais, dos privilégios de classe e de todas as formas de poder arbitrário ou autoritário; por fim, foi o credo da *intelligentsia*, que era a defensora do nacionalismo, da liberdade de pensamento e da liberdade da imprensa.

Contudo, a despeito de seus traços em comum, o liberalismo europeu era profundamente dividido. O liberalismo francês e mesmo o continental foram inspirados pela tradição da Revolução Francesa e eram, via de regra, anticlericais e com frequência antirreligiosos, ao passo que o liberalismo inglês tirou muito de sua força do apoio dos não conformistas, cujos líderes, como John Bright e Gladstone, eram, em geral, homens de fortes convicções religiosas. Além do mais, a questão era complicada pelo movimento nacionalista, o qual tendia a identificar-se com o liberalismo na Itália e no Leste Europeu, enquanto na Europa Ocidental e ao norte tendia a aliar-se ao conservadorismo.

Por fim, o movimento de revolução política que começara liberal e nacionalista gradualmente evoluiu na direção da revolução social e de uma nova ideologia socialista que era hostil à burguesia e ao Estado liberal constitucional. Em 1848, liberais e socialistas lutaram juntos nas barricadas, mas, em 1871, lutaram em lados opostos, de modo que Thiers, o velho líder dos liberais, tornou-se o impiedoso opressor da Comuna.

O socialismo deve sua força não só ao apoio às reivindicações dos trabalhadores contra a classe média, mas ainda mais por ter percebido desde o começo as implicações sociais da revolução tecnológica. Isso se deveu não a Marx, mas aos saint-simonianos, que não eram utópicos como Fourier e Cabet, mas idealistas tecnológicos que acreditavam que todos os males sociais seriam curados pela reorganização da sociedade pelos cientistas, os quais eram os representantes modernos do poder espiritual, e pelos industriais, que agora representavam o poder temporal. Esses dois poderes deveriam ser coordenados por sua fidelidade conjunta aos princípios da nova religião, que era uma espécie de versão racionalizada e humanitária do cristianismo e formaria as bases de um novo sistema de educação universal, sistema que os saint-simonianos consideravam uma condição necessária para a nova organização social.

O saint-simonianismo teve enorme influência ideológica não só na França, mas também na Alemanha e na Rússia e até mesmo na Inglaterra (por meio de John Stuart Mill), mas foi um fracasso completo como movimento político, em grande parte em virtude de suas tendências conservadoras e religiosas. O socialismo deveu sua importância global ao caráter revolucionário, e foi a combinação marxista da ideologia do materialismo dialético com a política de revolução comunista e guerra de classes, aliada às técnicas de propaganda revolucionária e organização partidária, que, em última instância, angariou o apoio da *intelligentsia* revolucionária e conquistou a Rússia e o Leste Europeu.

Pois, durante a segunda metade do século XIX, o espírito da cultura ocidental mudou, e a época era materialista tanto em pensamento quanto em ação. As novas teorias biológicas da evolução e da seleção natural foram comumente interpretadas de uma forma que justificava a luta pela existência entre Estados e classes e a sobrevivência dos mais "bem adaptados" ou bem-sucedidos. Teorias grosseiras de superioridade racial e nacional se tornaram populares. O idealismo liberal que havia inspirado Adam Smith e o movimento do livre mercado deram lugar ao nacionalismo da competição econômica feroz e ao imperialismo colonial que chegou ao ápice com a "partilha da África" nos últimos vinte anos do século XIX. E, enquanto as políticas internacionais das classes dominantes eram inspiradas pelo imperialismo, nacionalismo e militarismo, as forças opositoras da mudança revolucionária também abandonaram os ideais de seus predecessores do século XVIII e do começo do século XIX e se voltaram para a política do poder e do uso da força, fossem comunistas, anarquistas ou niilistas.

Talvez o escritor mais original e poderoso do fim do século XIX, Friedrich Nietzsche, seja o maior representante das tendências extremas da época. Ele anunciou a morte dos 2 mil anos no decorrer dos quais a Europa fora dominada pelos valores cristãos e humanistas e a necessidade de uma afirmação da Vontade de Potência, que transcende o bem e o mal e eventualmente criará uma nova espécie de super-humanidade.

Nessas circunstâncias, é notável que a Europa das últimas décadas do século XIX tenha desfrutado de um período de paz e de prosperidade excepcionais. Fato é que o homem comum nada sabia das forças demoníacas que se agitavam nas profundezas da consciência europeia. Por todo o continente, os homens trabalhavam duro e construíam novas indústrias e criavam um novo padrão de vida urbana. Foi a era de ouro dos rentistas, dos donos de lojas e dos representantes comerciais – uma era cujo espírito é representado por escritores como Mark Twain, Rudyard Kipling e H. G. Wells, e não por Nietzsche e Strindberg.

A causa principal da derrota do liberalismo na segunda metade do século XIX, contudo, foi a aliança entre o movimento nacionalista e o Estado conservador, a qual criou o Império Alemão em 1870-71 e foi seguida por um período de intensas rivalidades nacionais e expansão colonial que culminou na Primeira Guerra Mundial. O Império Alemão devia sua força à maneira como havia colocado a tecnologia e a indústria modernas a serviço do poder militar e político. A Alemanha de Bismarck foi pioneira tanto do Estado totalitário quanto do Estado do bem-estar social, embora tenha preservado algumas ligações com o passado por meio dos cristãos conservadores, por um lado, e dos liberais nacionalistas, por outro.

Mas, após a Primeira Guerra Mundial, esses elementos tradicionais desapareceram e o Ocidente se deparou com duas forças totalitárias rivais, ambas totalmente conscientes da importância da tecnologia como fonte de poder e da possibilidade de aplicar novas técnicas de controle social e psicológico para eliminar diferenças ideológicas e criar um Estado de totais unanimidade, uniformidade e unidade.

Pois, embora a democracia parlamentarista e o internacionalismo fossem, em tese, os vencedores no fim da Primeira Guerra Mundial, uma formidável acumulação de forças revolucionárias crescia a ponto de ameaçar a sua existência. Além do apelo revolucionário do Comintern, feito por Lênin em 1919, e do ressentimento e do mal-estar dos nacionalistas alemães, que não aceitavam a derrota, um novo centro de perturbação surgiu em 1922 entre os próprios aliados. Foi o fascismo italiano, o qual era o típico produto das tendências antiliberais que se desenvolveram no fim do século XIX – o nacionalismo militante de D'Annunzio, o futurismo de Marinetti e o culto à violência e à ação direta expresso por Georges Sorel em 1906. A importância do fascismo reside menos em seus efeitos na Itália do que na válvula de escape que proporcionou a todos esses elementos subversivos que rejeitavam o comunismo, mas ainda exigiam uma solução revolucionária para seus problemas. A Grande Depressão de 1929 e dos anos seguintes ofereceu uma oportunidade a essas forças.

Na Alemanha, em especial, onde a depressão econômica foi excepcionalmente severa, o fascismo em sua forma nacional-socialista foi aceito com obstinação fanática. Logo ficou evidente que o Estado totalitário não era o "truque" de um demagogo italiano, mas uma realidade terrível capaz de destruir toda a ordem tradicional da cultura europeia. De fato, a "Nova Ordem" inaugurada pelo nacional-socialismo foi longe o bastante para cumprir a previsão nietzschiana sobre o niilismo europeu, apesar de Adolf Hitler ter sido muito diferente do super-homem dos sonhos de Nietzsche, sendo, na verdade, a personificação de uma vontade de potência que ignorava o bem e o mal e pisoteava os direitos humanos e as liberdades nacionais.

Quando essa revolta contra toda a tradição cristã e humanista europeia resultou em uma Segunda Guerra Mundial, que foi ainda mais violenta que a Primeira Guerra Mundial, a destruição da Europa parecia iminente, e só foi evitada a um imenso custo material e moral. Pois a destruição de uma forma de totalitarismo desencadeou o fortalecimento de outra, uma vez que a queda de Hitler significou o triunfo de Stálin e o avanço do império comunista global até o coração da própria Europa.

Por conseguinte, o fim da Segunda Guerra Mundial não pôde resultar, como no caso da Primeira Guerra Mundial, em um acordo continental e no restabelecimento da hegemonia da Europa Ocidental. A criação das Nações Unidas em São Francisco, em 1945, diferentemente da Liga das Nações, foi essencialmente um acordo não europeu que deu à Europa Ocidental sete votos de um total de cinquenta e transferiu os centros do poder mundial para Moscou, ao leste, e para Washington, ao oeste. A sociedade europeia dos Estados, que cinquenta anos antes ainda era o foco do poder global e a liderança da civilização mundial, tornou-se um fragmento mutilado, muito pequeno e muito fraco para existir sem a proteção militar e a ajuda econômica dos Estados Unidos.

Enquanto isso, a balança do poder mundial também havia se alterado com a emergência de um novo centro de organização tecnológica e poder industrial fora da Europa. Nos Estados Unidos, a ciência e a tecnologia eram livres para se desenvolver em escala continental sem serem perturbadas pelos conflitos políticos e ideológicos da Europa, e a nova sociedade ocidental era tecnológica desde o começo, uma vez que devia a própria existência ao mercado global e às novas formas de transporte e comunicação – o navio a vapor, as ferrovias e o telégrafo.

É verdade que ela teve o seu conflito social interno que culminou na Guerra Civil, mas a guerra na verdade estimulou a produção industrial e, na geração seguinte ao conflito, a expansão do industrialismo americano criou um sistema concentrado de poder econômico com bases mais abrangentes do que qualquer coisa que existisse em outro lugar. Contudo, era impossível para esse sistema de poderio tecnológico manter seu isolamento da política mundial. Quando a era das Guerras Mundiais chegou, os Estados Unidos estavam destinados a intervir decisivamente. O fato de que se baseava em uma ideologia liberal democrática, ou ao menos coexistia com ela, fez com que se tornasse a inimiga predestinada dos novos poderes totalitários e a aliada natural dos Estados livres sobreviventes na Europa – Inglaterra, França, Holanda e os países escandinavos –, bem como dos judeus centro-europeus que foram as principais vítimas do movimento nacional-socialista.

A intervenção dos Estados Unidos nas duas guerras mundiais (especialmente na segunda) estimulou o progresso da tecnologia nesse país e sua influência alhures, de tal modo que hoje a versão ocidental da ordem tecnológica é geralmente referida como uma ordem americana e ficou associada à ideologia democrática americana, ainda que tenha, na verdade, uma origem diversa, posto que se desenvolveu inicialmente na era pré-tecnológica, em uma conjuntura agrária. A democracia agrária da época de Jefferson foi primeiro transformada por Jackson, e depois, mais fundamentalmente, pela imigração maciça de europeus na segunda metade do século XIX, o que preparou o caminho para o desenvolvimento da democracia de massa.

A derrota do nacional-socialismo na Segunda Guerra Mundial pela aliança do comunismo soviético com as democracias americana e britânica deixou o mundo moderno dividido entre duas ideologias e dois sistemas políticos opostos. Destes, o mundo comunista, que agora se estende desde o Báltico e o Adriático até o Pacífico, forma um sistema único de poder totalitário e também uma área unida pelo planejamento tecnológico e industrial. O mundo ocidental, por outro lado, é essencialmente pluralista e multifacetado no que se refere ao poder político, à ideologia e ao planejamento industrial e tecnológico. Ele tampouco coincide com o mundo não comunista, pois os países do Sudeste Asiático e da África, tecnologicamente mais atrasados do que as sociedades comunistas e ocidentais, tendem a ser politicamente neutros e são mais uma fonte de fraqueza que de força para o poder militar do mundo ocidental. A diversidade ideológica do Ocidente desde 1945 se assemelha à da Europa no século XIX.

Há cristãos e racionalistas, liberais e conservadores, socialistas e individualistas, nacionalistas e internacionalistas. Tais divisões e conflitos ideológicos são uma fonte de fraqueza, na medida em que oferecem uma série de oportunidades para os poderes totalitários aplicarem suas técnicas de desagregação, exatamente como fazem quando há conflitos de interesses políticos entre dois países ocidentais.

Por outro lado, essas divisões são uma fonte de força na medida em que constituem uma condição necessária para a preservação da liberdade e o desenvolvimento dos diversos e independentes aspectos da cultura ocidental. Porém, a sobrevivência da cultura ocidental exige unidade bem como liberdade, e o grande problema do nosso tempo é como esses dois aspectos essenciais podem ser reconciliados.

Pois, em primeiro lugar, o progresso tecnológico exige um grau de cooperação internacional e uma unidade social interna a fim de que o trabalho de organizar e integrar os recursos materiais e humanos seja levado a cabo. Em longo prazo, o poder do Ocidente para resistir à pressão da tecnocracia totalitária comunista não depende tanto de seu poderio militar, mas de sua liderança cultural e da eficiência científica e tecnológica. Mas eficiência tecnológica não é o bastante.

Até mesmo as forças totalitárias, que são assumidamente materialistas, devem seu poder não só à força, mas à fé em sua ideologia e seus valores éticos. E uma sociedade livre requer um padrão mais elevado de unidade espiritual do que uma sociedade totalitária. Logo, a integração espiritual da cultura ocidental é imprescindível para sua sobrevivência temporal.

De que maneira o cristianismo pode contribuir para esse trabalho de integração espiritual não é algo claro neste momento, mas nenhum historiador pode desconsiderar o fato de que ele continua a ser o elemento religioso mais forte da cultura ocidental; por mais longe que o processo de secularização tenha ido, a influência do cristianismo na cultura, na ética, na educação, na literatura e na ação social ainda é poderosa.

Por conseguinte, é para o cristianismo que a cultura ocidental deve se voltar em busca de liderança e para ajudar na restauração da unidade moral e espiritual da nossa civilização. Se não o fizer, isso significará a falência do cristianismo ou a condenação da civilização moderna.

Bibliografia

Esta bibliografia,[1] embora incompleta, mostra que o autor privilegiou os diários e memórias escritos por pessoas contemporâneas à Revolução, de Mallet du Pan, que morreu em 1800, até testemunhas que sobreviveram até meados do século XIX. Claramente, ele pretendeu fazer uma história das ideias, e sua natureza não é afetada por obras mais recentes sobre a sociedade e a economia da época.

ALGER, J. G. *Englishmen in the French Revolution*. Londres, 1889.
AULARD, F. A. *L'Eloquence Parlementaire pendant la Révolution*. Paris, 1882.
_____. *La Société des Jacobins*. Paris, 1889.
AVENEL, G. A. *Cloots, l'Orateur du Genre Humain*. 2 vol. Paris, 1865.
BABEAU, A. *L'Ecole du Village pendant la Révolution*. Paris, 1881.
BABEUF CONSPIRACY. 14 vol. de tratados no Museu Britânico.
BARBAROUX, C. J. M. *Mémoires*. Paris, 1827.
BARBE-MARBOIS, F. *Journal d'un Deporté*. 2 vol. Bruxelles, 1835.
BARRAS, Visconde P. F. Z. N. *Mémoires*. 4 vol. Paris, 1895-1896.
BERTRAND DE MOLEVILLE. *Mémoires Particulières*. 2 vol. Paris, 1816.
BERVILLE, Saint-Albin et Barrière. *Mémoires pour Servir...* 68 vol. Paris, 1821-1828.
BESENVAL, Barão Pierre Victor. *Mémoires*. 2 vol. Paris, 1821.
BILLAUD-VARENNE. *Curiosités Révolutionnaires. Mémoires*. Paris, 1893.
BLAKE, *Jerusalem*. 1804.[2]
BOUGEART, A. *Marat, l'Ami du Peuple*. 2 vol. Paris, 1865.
BRADFORD, W. *History of the Plymouth Plantation*. C. Deane (ed.). Boston, 1856.
BRANDES, G. *The Romantic Movement in Germany*. Copenhagen, 1873.
BRINTON, Prof. *The Jacobins*. New York, 1930.

---

[1] Exceto por dois títulos, e salvo melhor juízo, as obras listadas não dispõem de edições brasileiras. (N. T.)

[2] Edição brasileira: *Jerusalém*. Trad. Saulo Alencastre. São Paulo, Hedra, 2010. (N. T.)

BRUGGEMANN, F. *Was Weltbild der deutschen AufKlärung*. Leipzig, 1930.
BUCHEZ & ROUX. *Histoire Parlementaire de la Révolution Française*. Paris, 1834-1838.
BURKE, E. *Thoughts on the Prospect of a Regicide Peace*. London, 1796.
BUZOT, F. N. L. *Mémoires sur la Révolution Française*. Paris, 1828.
CARNOT, Conde L. N. M. *Réponse au Rapport Fait sur la Conjuration du 18 Fructidor*. Londres, 1799.
_____. *Mémoires Historiques et Militaires sur Carnot*. Paris, 1824.
CHUQUET, A. *La Jeunesse de Napoléon*. Toulon/Paris, 1899.
CLOQUET, J. G. *Souvenirs sur la Vie Privée de Lafayette*. Paris, 1836.
COLERIDGE, S. T. *Biographia Literaria*. 1817.
_____. *Essays on His Own Times*. 3 vol. London, 1850.
Comparative Display Of British Opinions on the French Revolution. 3 vol. London, 1811.
COSTA DE BEAUREGARD, A. Marquês. *Recollections*. 2 vol. London, 1877.
CRETINEAU-JOLY, J. A. M. *L'Eglise en Face de la Révolution*. 2 vol. Paris, 1859.
CURRIE, W. *Memoirs of Dr. Currie*. 2 vol. London, 1831.
CZARTORYSKI, A. J. *Memoirs*. 2 vol. London, 1888.
DAUBAN, C. A. *La Démogogie à Paris en 1794 et en 1795*. Paris, 1869.
DAUDET, E. *Histoire des Conspirations Royalistes du Midi sous la Révolution, 1790-3*. Paris, 1881.
DAUNOU, P. C. F. *Mémoires*. Paris, 1846.
DEJOB, C. *Mme. de Staël et l'Italie*. Paris, 1890.
DESCOSTES, F. *Joseph de Maistre pendant la Révolution Française*. Tours, 1895.
DUFOURCQ, A. *Le Régime Jacobin Italie*. Paris, 1900.
DUMAS DAVY DE LA PAILLETERIE, A. *I Borboni di Napoli*. 10 vol. Napoli, 1862-1863.
ESPINAS, A. *La Philosophie Sociale du XVIII Siecle et la Révolution*. Paris, 1891.
FAUCHE-BOREL, L. *Mémoires*. 4 vol. Paris, 1829.
FERRIÈRES, Marquês C. E. *Mémoires*. 3 vol. Paris, 1821.
FERSEN, Conde Hans Axel von. *Le Comte de Fersen et la Cour de France*. 2 vol. Paris, 1877-1878.
FITZMAURICE, Lorde E. *Life of Lord Shelburne*. London, 1876.
FORNERON, H. *Histoire des Emigrés*. 2 vol. Paris, 1884.
FORTESCUE, J. B. Manuscritos preservados em Dropmore. 3 vol. Londres, 1892.
GOHIER, L. J. *Mémoires*. 2 vol. Paris, 1824.
GONCOURT, E. et J. *Histoire de la Société Française pendant la Révolution*. Paris, 1889.
GOYAU, G. *La Pensée Religieuse de J. de Maistre*. Paris, 1921.

GRANIER DE CASSAGNAC, A. *Histoire des Causes de la Révolution Française de 1789*. Paris, 1850.
GROETHUYSEN. *Origine de l'Esprit Bourgeois en France*. Paris, 1927.
HAMEL, E. *Histoire de Saint-Just*. Bruxelles, 1860.
HOLCROFT, T. *Memoirs*. 3 vol. London, 1816.
HUFFER, H. *Der Rastatter Congress*. Bonn, 1896.
JANET, P. *La Philosophie de la Révolution Française*. Paris, 1892.
JAURES, J. *Histoire Socialiste de la Révolution Française*. Mathiez (ed.). Paris, 1922-1924.
JORDAN, C. *Camille Jordan, Deputé du Rhone, à ses Commettans sur la Révolution du 18 Fructidor*. Paris, 1797.
JUNG, H. F. T. *Bonaparte et Son Temps (1769-99)*. 3 vol. Paris, 1885.
KENT, C. *The English Radicals*. London, 1899.
KNIGHT, C. *Autobiography*. London, 1861.
LAFAYETTE, Marquês de. *Mémoires et Correspondence du General Lafayette*. 6 vol. Paris, 1837-1838.
LALLY-TOLLENDAL, Conde T. G. *Défense des Emigrés Français*. Paris, 1797.
LANFREY, P. *L'Église et les Philosophes au XVIII Siècle*. Paris, 1879.
LANSON, G. *Voltaire*. Paris, 1906.
LANZAC DE LABORIE, L. *Jean-Joseph Mounier*. Paris, 1887.
LA RÉVELLIÈRE-LEPEAUX, L. M. *Mémoires*. 3 vol. Paris, 1895.
LARIVIERE, C. *Catherine II et la Révolution Française*. Paris, 1895.
LAVISSE, E. *Histoire de France*. Paris, 1920-1922.
LEBON, A. *L'Angleterre et L'Emigration Française*. Paris, 1882.
LEGRAND, L. *La Révolution Française en Hollande*. Paris, 1895.
LENOTRE, G. *Vieilles Maisons, Vieux Papiers*. Paris, 1908.
LESCURE, M. F. A. *Rivarol et la Société pendant la Révolution et l'Emigration*. Paris, 1883.
LEVAE, A. *Les Jacobins de Bruxelles*. Bruxelles, 1846.
LICHTENBERGER, A. *Le Socialisme Utopique*. Oswald/Paris, 1898.
LIGNE, C. J., Príncipe de. *Mémoires*. Paris, 1860.
LOMENIE, L. *Beaumarchais et Son Temps*. Paris, 1856.
LYNEDOCH, Lord (Cel. T. Graham). *Memoir of*. Edinburgh, 1847.
MACKINTOSH, R. *Life of Sir J. Mackintosh*. 2 vol. London, 1835.
MADDEN, R. *The United Irishmen*. 7 vol. London, 1842-1846.
MAISTRE, Conde de J. *Considérations sur la France, 1797*. Oeuvres/Lyon, 1884-1887.
MALLET, B. *Mallet du Pan and the French Revolution*. London, 1902.
MALLET DU PAN, J. F. *Mercure Britannique*. London, 1798-1800.

_____. *Correspondence Inédite avec la Cour de Vienne (1794-98)*. 2 vol. Paris, 1884.
_____. *La Révolution Française Vue de L'Etranger*. Descostes (ed.). Paris, 1897.
MALMESBURY, Conde J. H. *Diaries and Correspondence*. 4 vol. London, 1884.
MALOUET, Barão P. V. *Mémoires*. 2 vol. Paris, 1874.
MARAT, J. P. *Oeuvres*. Vermorel (ed.). Paris, 1869.
MARMONT, A. F. L. Viesse de, Marechal. *Mémoires*. 9 vol. Paris, 1857.
MASSON, F. *Les Diplomates de la Révolution*. Paris, 1882.
MEHRING, F. *Geschichte der Deutschen Sozialdemokratie I*. Stuttgart, 1897.
MEISTER, J. H. *Souvenirs de Mon Dernier Voyage à Paris*. Paris, 1797.
MERCY-ARGENTEAU, Conde F. *Correspondance Secrète avec l'Impératrice Marie-Thérèse*. 3 vol. Paris, 1875.
_____. *Correspondance Secrète avec l'Empereur Joseph II et le Prince de Kaunitz*. 3 vol. Paris, 1889-1891.
MILES, W. *Correspondence on the French Revolution*. 2 vol. London, 1890.
MIRABEAU, Conde G. H. R. *Correspondance avec le Comte de la March*. Bacourt (ed.). 3 vol. Paris, 1851.
MOODY, C. L. *A Sketch of Modern France*... London, 1798.
MOORE, Dr. J.. *View of the Causes and Progress of the French Revolution*. 2 vol. London, 1795.
MOUNIER, J. J. *De l'Influence Attribuée aux Philosophes... sur la Révolution de France*. Paris, 1822.
MURALT, C. von. *Hans von Reinhard*. Zurich, 1838.
NIPPOLD, F. *Handbuch der neuesten Kirchengeschichte*. Berlin, 1889.
PAINE, T. *Common Sense*. 2. ed. 1776.
_____. *Rights of Man*. 1791.
PAUL, C. K. *William Godwin*. 2 vol. London, 1876.
PEPÉ, General G. *Mémoires*. Paris, 1847.
PERTHES, F. *Memoirs*. vol. 1. 2 vol. London, 1857.
PINGAUD, L. *Les Français en Russie et les Russes en France*. Paris, 1886.
PONTÉCOULANT, L. G., Conde de. *Souvenirs Historiques et Parlementaires*. 4 vol. Paris, 1861-1865.
PUISAYE, Conde J. G. *Mémoires*. 6 vol. London, 1803-1808.
RAMBAUD, A. N. *Les Français sur le Rhin, 1790-1804*. Paris, 1873.
RAMEL, J. P. *Journal*. Hamburg, 1799. Tradução inglesa: London, 1799.
REINHARD, Conde C. F. *Lettres à ma Mère*. Paris, 1901.
REVOLUTION FRANÇAISE, la. *Revue Historique*. Paris, 1910, etc.
ROBISON, J. *Proofs of a Conspiracy against all the Religions and Governments of Europe*. Edinburgh, 1797.

ROEDERER, Conde P. L. *Oeuvres*. 8 vol. Paris, 1853-1859.
ROLAND, Madame. *Lettres*. C. Perroud (ed.). Paris, 1900.
ROSE, G. *Diaries and Correspondence*. 2 vol. London, 1860.
ROUSSEAU, J. J. *Lettres Écrites de la Montagne*, 1765.[3]
SAINT-JUST. *Fragmens sur les Institutions Républicaines*. Paris, 1831.
SCHLEGEL, F. *Neue Philosophische Schriften*. Frankfurt, 1935.
SCHMIDT, W. A. *Tableaux de la Révolution Française*. 3 vol. Leipzig, 1867-1871.
SEGUR, Conde P. P. *Mémoires d'un Aide-de-Camp de Napoléon*. 3 vol. Paris, 1894-1895.
SMITH, E. *The English Jacobins*. London, 1881.
SOMBART, W. *Der proletarische Sozialismus*. Jena, 1924.
SOREL, A. *L'Europe et la Révolution Française*. Paris, 1885-1903.
STAËL, Madame. *Considérations sur les Principaux Événements de la Révolution*. Londres, 1819.
STEFFENS, H. *Was ich erlebte*. vol. I-II. 10 vol. Breslau, 1840-1844.
STEPHENSON, N. W. *A History of the American People*. New York, 1934.
STERN, A. *Das Leben Mirabeaus*. 2 vol. Berlin, 1889.
SWIFT, J. *An Argument...*, 1708.
TALLEYRAND-PERIGORD, C. M. de, Príncipe. *Mémoires*. 5 vol. Paris, 1891-1892.
THELWALL, C. *Life of John Thelwall*. London, 1837.
THIBAUDEAU, Conde A. C. *Mémoires, 1765-92*. Paris, 1875.
THIEBAULT, Barão D., General. *Mémoires*. 5 vol. Paris, 1893-1895.
THOMPSON, J. M. *Robespierre*. Oxford, 1935.
TONE, T. W. *Autobiography*. R. B. O'Brien (ed.). 2 vol. London, 1893.
TOURNOIS. *Histoire du Parti d'Orléans*. 2 vol. Paris, 1842.
TURREAU DE GARAMBOUVILLE, Barão L. M. *Mémoires de la Guerre de la Vendée*. Paris, 1824.
VAUDREUIL, Conde H. H. F. *Correspondance*. Paris, 1889.
VIATTE, M. *Les Sources Occultes du Romantisme*. Paris, 1928.
VIEUX CORDELIER, LE, JOURNAL REDIGÉ PAR CAMILLE DESMOULINS. 7 n. Paris, 1793-1794.
VIVENOT, A. von. *Vertrauliche Briefe von Thugut*. 2 vol. Vienna, 1872.
WAKEFIELD, G. *Memoirs*. 2 vol. London, 1804.
WATSON, R. *Anecdotes*. 2 vol. London, 1816.
WILLIAMS, G. *History of the Liverpool Privateers*. London, 1897.
WINDHAM, W. *Diary*. London, 1886.

---

[3] Edição brasileira: *Cartas Escritas da Montanha*. Trad. Maria das Graças de Souza e Maria Constança P. Pissarra. São Paulo, Editora Unesp, 2006.

Índice Remissivo

Absolutismo francês
  e catolicismo, 59
  estrutura clássica, 90
Academia de Arras, 168
Alemanha, 97, 193-94, 208
  sob Bismarck, 208
Almanaque do Père Gérard, 113
Altar da Pátria, 105, 114
Amigos da Liberdade, 187
Ancien Régime, 89, 91, 108, 163, 176
  e barbarismo gótico, 90
Anticapitalismo, 128
Anticatolicismo
  ataques, 115
  opinião, 52-53. *Ver também* Lei de 18 de Março
Anticlericalismo
  como crença burguesa e jansenista, 63
  como tendência do século XVII, 58
  na legislação, 117
Assembleia Constituinte, 102-03, 115
  dissolução da, 110-11
  fracasso da, 102-03
  Grande Inquisidor, 112, 139, 166
Assembleia dos Notáveis, 96
Assembleia Legislativa, 115, 118, 123, 126
  nova, 118
Assembleia Nacional, 94, 96, 101, 103, 105-06, 109
  queda da, 117-18
Assignats, 108
  desvalorização dos, 115 (queda do valor), 166 (depreciação)
Ateísmo, 144-45

Banco da Inglaterra, 61, 196
Banco de Amsterdã, 61

Barroca
  arte, 43, 48, 55
  cultura, 43-45, 63
  grupo de Versalhes, 92
Bastilha, 103-04
Bourbon, 164
Brissotinos. *Ver* Girondinos
Burguês(a)
  anticlericalismo, 63
  aristocracia, 61
  Assembleia, 127
  Civilização, e calvinista, 52
  como uma nova mentalidade, 61
Burguesia
  ascensão da, 61
  triunfo sobre a nobreza, 91-93, 102
Burguesia francesa, 52, 61. *Ver também* Burguesia

Calvinismo
  doutrina do pessimismo e do fatalismo, 44
  em Genebra, 45
  e o protestantismo liberal, 78
  ortodoxo, 44
  princípio do pacto com a Igreja, 77
Campo de Marte, 112
Camponeses
  catolicismo barroco ou da ortodoxia bizantina, 68
  revolta, 100. *Ver também* Vendeia
Capitalismo, 45
  crescimento do, 80
  puritano, 78-79
Capitalista
  classe, 108
  economia na França, 93

sociedade na Holanda, na Inglaterra e
    nos Estados Unidos, 61
Carta de Luís XVI à nação, 111
Católico(a)
    apoio à Vendeia, 130
    derrota do absolutismo católico, 73
    Europa, 47, 73
    Igreja, 53, 60, 173, 183, 185
    mundo, 43
    na Alemanha, 175-76
    perseguição em Paris, 110
    renascimento, 190
Catolicismo, 42, 49, 183, 184
    na Inglaterra, 52
Católicos
    leais ao papado, 109, 126, 143-44
    zelosos, 92. Ver também
        Anticatolicismo; Vendeia
Cisma de 16 de julho de 1791, 112
Classicismo
    secularizado e humanizado, 60, 184
Colapso da moeda francesa. Ver
    Assignats
Comitê de Salvação Pública, 133, 135,
    137-38, 139, 141, 157, 158, 163, 168
Comitê de Segurança Geral, 133, 141,
    155, 157, 170
Comitê de Vigilância, 120
Companhia das Índias Orientais
    holandesa, 61
Companhia das Índias Orientais inglesa,
    61
Comuna
    de Agosto de 1793, 113, 118-19
    de Paris, 102, 124, 126, 129, 136, 137,
        157
    dissolução ordenada, 119
    eliminada, 158
    em revolta, 100
    tradições preservadas, 161, 167
Comunismo, 96
Confisco total das propriedades da Igreja,
    108. Ver também Anticatolicismo
Congregacionalismo
    na Nova Inglaterra e na Virgínia, 79
Conspiração dos Iguais, 168-70
Constitucionalismo liberal, 103, 116

Constituição
    de 1791, 104, 108, 111
    nova, 103
    outra nova, 163-66
    refazer a, 123
Constituição Civil do Clero, 106-07, 109,
    115, 144, 176
Contrarreforma, 42-43, 48, 191
Contrato Social, 56, 114
Convenção, 128, 137, 143, 145, 164
    eleições para a, 120
Convenção Nacional, 123-26, 132, 134,
    137, 157, 164, 166
Cordeliers, 102, 112, 115, 117, 136, 141
Corte e os salões, 63
Coup d'état, 129, 132
Credo da nova era, 96
Cristandade, 40-41, 45
    medieval, 45
    morte da unidade religiosa, 55
    ocidental, 60
    restauração, 181, 190
Cristianismo, 173-74, 177, 181, 188,
    190, 204, 206, 212
Cultura, 41
    clássica, 41
    puramente racional, 69
    secular europeia, 47
    secularização da, 80
    tecnológica, 201-02, 209, 211

Dantonistas, 139, 145, 159
    presos e executados, 141
Declaração de Independência, 83
Declaração dos Direitos, 98, 105, 114
Deísmo
    excessos do, 59
    e racionalismo, 145
Democracia
    como um ideal, 77
    origens da moderna, 71
Democracia americana
    comparada à teoria da democracia de
        Rousseau, 74-75
Democracia republicana, 77. Ver também
    Movimento romântico
Despotismo esclarecido, 73

Deus
　e o poder real, 46
　Rei celestial, princípio espiritual
　　imanente, Arquiteto do Universo, 57
Deusa da Liberdade, 149
Direito Divino dos Reis, 46,
Direitos do Homem, 76, 85, 95, 100,
　124, 133, 134, 147, 180, 192
　declaração dos, 98
Direitos e princípios abstratos, 62
Ditadura, 117, 155, 158
　velada, 165
Ditadura totalitária, 133. *Ver também*
　Comitê de Segurança Geral; Comitê de
　Salvação Pública
Do Contrato Social (J. J. Rousseau), 20,
　75, 77
Dramaturgia de Shakespeare, 44

Édito de Nantes
　revogação do, 52, 60
Enciclopedistas, 145
Era Carolíngia, 195
Era da tecnologia, 201-04
Era de revoluções, 174, 195
Estado e ordem social, 145
Estado monárquico absoluto, 47-48
Estados Gerais, 91, 95
Estados Unidos, 201, 209, 210
　anglicano no sul, 79
　fronteira oeste, 82
Evangelho humanista, 107

Festa da Federação, 105, 110, 114, 144
Festival da Razão na Catedral de Notre-
　Dame, 66
Festival do Ser Supremo, 148
Feuillants
　formação, 112, 117, 120, 123, 158, 161
Filhos da Liberdade, 82
Fuga para Varennes de Luís XVI, 110-11,
　115

Gallia Sancta, 106-107
Girondinos, 115-17, 119, 121-25, 126,
　127-29, 131-32, 137, 144, 154, 158-
　59, 163

Grande Exército Católico, 131
Grande Oriente
　anticlericalismo, 96-97
Grand Siècle, 48, 62, 135, 191
　não sabotado por ateístas, 62
Guarda Nacional, 101, 105, 126
Guerra
　contra a Áustria, 115
　contra a Revolução, 131
　dos Sete Anos, 81-82
　dos Trinta Anos, 47, 52

Hebertistas, 136-38, 144, 145, 153, 158
　presos e executados, 141
Huguenotes, 102
　capitalistas, 61
　diáspora, 53
　editores, 56
Humanismo, 44, 59

Idade Média, 41, 130, 183, 192
　destroços da, 68
Ideais jansenistas e galicanos, 107
Ideal congregacional como democrático,
　78
Ideal de governo como um absolutismo
　benevolente e esclarecido, 71
Idealismo
　democrático, 89
　liberal, 96, 139
　revolucionário, 75, 85
　social, 96
Igreja, 41, 72
　e educação popular, 67
　e o Estado, 106, 174, 189
　e os *Parlements*, 94
　oposição ao capitalismo, 79
　oposição ao imperialismo tecnológico,
　　205
　venda de terras confiscadas, 164 . *Ver
　　também* Católicos; Cristianismo
Igreja Constitucional, 115, 135
　substituída, 143
Igreja Galicana, 46, 106, 176, 181
Iluminismo, 51, 59, 60, 63, 173, 175,
　177-78, 179, 182, 190, 191, 197
　americano, 81

cultura racional, 73
destruído pela Revolução, 176
direção política, 89
direitos do coração contra a ditadura
  da razão, 69
e capitalismo, 76
e cultura, 69
filosofia do, 73
francês, 85
homens do, 82
ideais do, 95
liberal, 80
mundo do, 129-30
reação ao, 69
Iluminismo racional limitado e
  superficial, 68. *Ver também* Iluminismo
Imperialismo
  colonial, 207
  de Napoleão, 194
Império francês
  destruição do, 81
Império napoleônico, 193-96, 199
Inglês(a)
  aristocracia, 92
  Constituição, 90
  filosofia e tolerância, 66
  ideias, 64, 194
  maçonaria, 97
  puritanismo religioso, 44
  Revolução, 53, 59, 64, 85, 195
  vida, 64
Interesses do Estado sobre os do
  indivíduo, 149
Interesses do indivíduo sobre os do
  Estado, 163
Itália, 193
  e o fascismo, 208
  Renascimento, 41

Jacobinos, 112-17, 125-26, 129-30, 131,
  136, 137-38, 150, 154-55, 157-59,
  160-62, 165-66
  credo, 114, 145
  denúncias dos, 115
  ditadura, 133
  novos, 102
  queda, 159

religião, 114, 118, 145
vitória, 143
Jacobitas
contrarrevolução, 59
Jansenismo, 49, 63, 94
ideais, 107
moralidade, 63
Jesuítas, 89
dissolução dos, 92
queda dos, 6, 68

Lei de 18 de março, 130
Lei de proscrição contra padres, 116
Liberalismo, 51
  autoritário, 66
  burguês deixado para trás, 140
  derrota do, 208
  dos filósofos, 71
  fundamentos espirituais, 55
  história, 71
  reinterpretado em termos religiosos, 73
  romântico, 85
  século XIX, 201
Liberalismo econômico
  representantes do, 76
Liberdade, Igualdade, Fraternidade, 105
Liga das Nações, 209
Loja das Nove Irmãs, 97
Luterana
  Alemanha, 43, 197
  tradição, 45

Maçonaria, 97-99, 107, 113, 175, 181
Massacre de padres, 119
Mente francesa
  absolutismo do pensamento, 66
Metodistas, 177, 185
Ministro do Interior, 120, 132, 137
Missionários do Terror, 135
Misticismo, 184-85
Monarquia
  democrática, 101. *Ver também*
    Monarquia francesa
Monarquia anglicana
  sofrendo de alienação espiritual, 83
Monarquia austro-espanhola, 43
Monarquia francesa, 53, 62, 90

Monastérios
   dissolvidos, 106
Montanha, o partido da Comuna, 124-26, 159, 161, 163
Movimento anti-Inglaterra, 82
Movimento de Oxford, 190
Movimento filosófico francês
   abertamente anticristão, 66
Movimento romântico, 182-85
   alemão, 188
   e misticismo, 184-85
Mundo islâmico, 45

Nacional-socialismo
   derrota, 210
Nações Unidas, 209
Naturalismo e racionalismo, 85
Noblesse de robe, 62. *Ver também* Burguesia

Ordem dos Franco-Maçons, 96
Orleanista, facção, 100-01
Ortodoxia (cristã), 57-58

Palais-Égalité, 159
Palais-Royal, 96, 107
Papado, 41, 43. *Ver também* Católicos
Parlamento de Paris, 62
Parlements
   abolição, 89-91
   conservadorismo cego, 91
   e a Igreja, 94
Partido Comunista na Rússia, 143
Patrística, 48
Pensamento epicurista e "libertino", 49
Pensamento liberal
   tradição comum do, 56
Place de la Révolution, 149
Primeira Guerra Mundial, 207-08
Princípio da tolerância, 66
Propaganda anticristã, 135-37
Propaganda anticlerical dos filósofos, 92. *Ver também* Anticlericalismo
Protestantismo, 52
   controvérsia, 60
   e a cultura burguesa, 45, 59
   genebrês, 74

Mediterrâneo, 43
   mundo, 45, 72
   na Europa, 43, 44
   Reforma, 85
   teologia, 59
Protestantismo francês, 52
   fim do, 60
Puritanismo, 44, 49, 53
   americano, 80
   como movimento, 56
   como revolução, 53
   democracia da Nova Inglaterra, 82
   desintegração da sociedade, 80
   ética, 59
   fanatismo, 101
   individualismo, 55
   tradição, 59

Quarto Estado
   criação do, 64
Queda das facções, 143

Racionalismo, 59, 177, 183
   cartesiano, 56
   e naturalismo, 57, 85
Reforma, 43, 45, 47, 51, 174, 183-84
   e o Renascimento, 46
   italiana e espanhola, 42
   na Inglaterra, 106
   tendências apocalípticas, 85
Regionalismo na Alemanha e na França, 72
Reino do Terror, 125, 133, 135-36, 138-41, 149-50, 152, 155, 158-59, 163, 166, 168
   defesa nacional e um instrumento de controle econômico, 160
   ditadura do, 133
   término do, 155
Religião
   da democracia, 73-74
   da humanidade, 192
   do Progresso, 190
   do sentimento, 69
   puramente racional, 5
   renascimento na França da, 174
Religioso(a)(s). *Ver também* Igreja
   ceticismo, 49

liberdade, 162
ordens abolidas, 106
ortodoxia, 52
tolerância, 56
tradição, 76
válvula de escape aos instintos, 73
Renascimento, 42-43, 47, 55
corrente secular, 56
nortenho, 44
Resignação de Luís XVI, 110-12, 116
Restauração, 179
Revolta das províncias, 129. *Ver também* Vendeia
Revolução
causas sociológicas da, 91
de 1688, 53
europeia, 40-41
fator intelectual na, 96
Industrial, 198-99, 202
Inglesa, Americana e Francesa, 71
mundial, 39, 98
na Rússia, 96
nova fase, 101, 115
primeiros anos, 99
Revolução Americana, 77, 83, 86, 89, 192
e a Revolução Francesa, 51
influência nos liberais europeus, 89
Revolução Francesa
começo, 96-98
como revolução mundial, 98

Sacro Império Romano, 43, 193, 195
Secularização
crescente da cultura, 80
da moderna cultura ocidental, 52 . *Ver também* Cultura
Século XVII, 45-48
Século XVIII, 59, 62-63, 80, 93, 196
na Inglaterra, 59
Século XIX, 201, 205-08, 210-11
Segunda Guerra Mundial, 209-10
Ser Supremo
adoração do, 148, 153
Socialismo utópico, 67
Sociedade Correspondente de Londres, 187

Sociedade francesa
divisão espiritual da, 63, 85
livre-pensamento e vida desregrada, 64
Sociedade protestante suíça, 75
Societé des Amis des Noirs, 97
Sofrimento e mal como chaves para compreender o mundo, 179
Sorbonne, 63, 69

Templo da Razão (anteriormente Notre-Dame), 137. *Ver também* Festival da Razão na Catedral de Notre-Dame
Teocracia democrática, 78
Terceiro Estado, 94
Termidorianos, 158, 163, 165, 170
Tradição newtoniana, 198
Tulherias
queda das, 115, 165

Ultramontanismo, 182
Uniformidade francesa
na Igreja da Contrarreforma e da monarquia barroca, 65

Vendeia, 127-28, 130, 132, 162, 169
exército camponês da, 132
Versalhes, 48
Voltaire
desprezo pelo populacho, 67
liberalismo, 67
Vontade de Potência, 207, 209

Wesleyano
ímpeto renovado religioso, 64, 197
Whig(s)
concessões, 59
famílias, 54
líderes, 56
revolução, 64

Do mesmo autor, leia também:

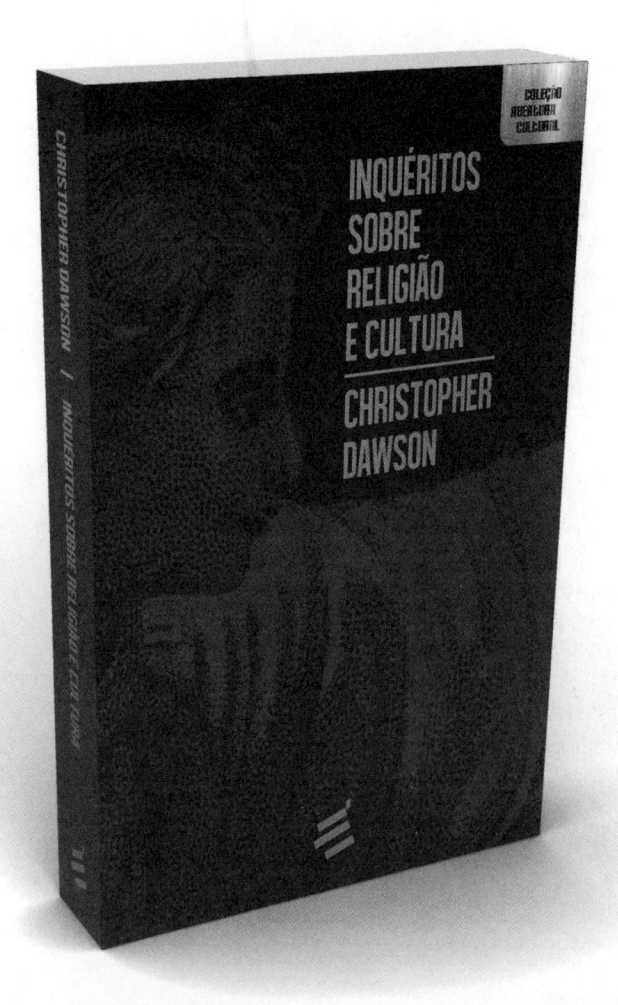

Christopher Dawson emprega a vastidão de seu conhecimento e a agudeza de sua análise no julgamento de assuntos pontuais e recentes, que vão desde o lugar do Reino Unido no mundo pós-industrial até as características do misticismo islâmico, passando pelas estruturas da civilização chinesa, pela visão cristã do sexo e pelos fatores que levaram ao surgimento dos totalitarismos fascista e comunista. Sempre com aportes de peso da filosofia da religião e da filosofia da história, o livro constitui enorme auxílio para a compreensão da era contemporânea e de seus problemas. Tornam-se, assim, evidentes a superficialidade das interpretações políticas e cientificistas que não consideram o papel histórico central da religião e da cultura, bem como a urgência do convite de Dawson a uma compreensão profunda e universal da raça humana.

facebook.com/erealizacoeseditora twitter.com/erealizacoes instagram.com/erealizacoes youtube.com/editorae

issuu.com/editora_e erealizacoes.com.br atendimento@erealizacoes.com.br